Karl Blossfeldt Arbeitscollagen

SCHIRMER/MOSEL

Karl Blossfeldt

Herausgegeben von
Ann und Jürgen Wilde
Mit einem Text von
Ulrike Meyer Stump

Arbeitscollagen

Die tabellarischen Konkordanzlisten im Anhang erstellte Anne Ganteführer-Trier.

Die Deutsche Bibliothek – CIP-Einheitsaufnahme
Blossfeldt, Karl:
Karl Blossfeldt : Arbeitscollagen / hrsg. von Ann und Jürgen Wilde. Mit einem Text
von Ulrike Meyer Stump. - München : Schirmer/Mosel, 2000
ISBN 3-88814-786-7

Gestaltung und Satz: Claudia Ott, Düsseldorf
Lithos: NovaConcept, Berlin
Druck und Bindung: EBS, Verona

ISBN 3-88814-786-7

Eine Schirmer/Mosel Produktion
www.schirmer-mosel.de

Inhalt

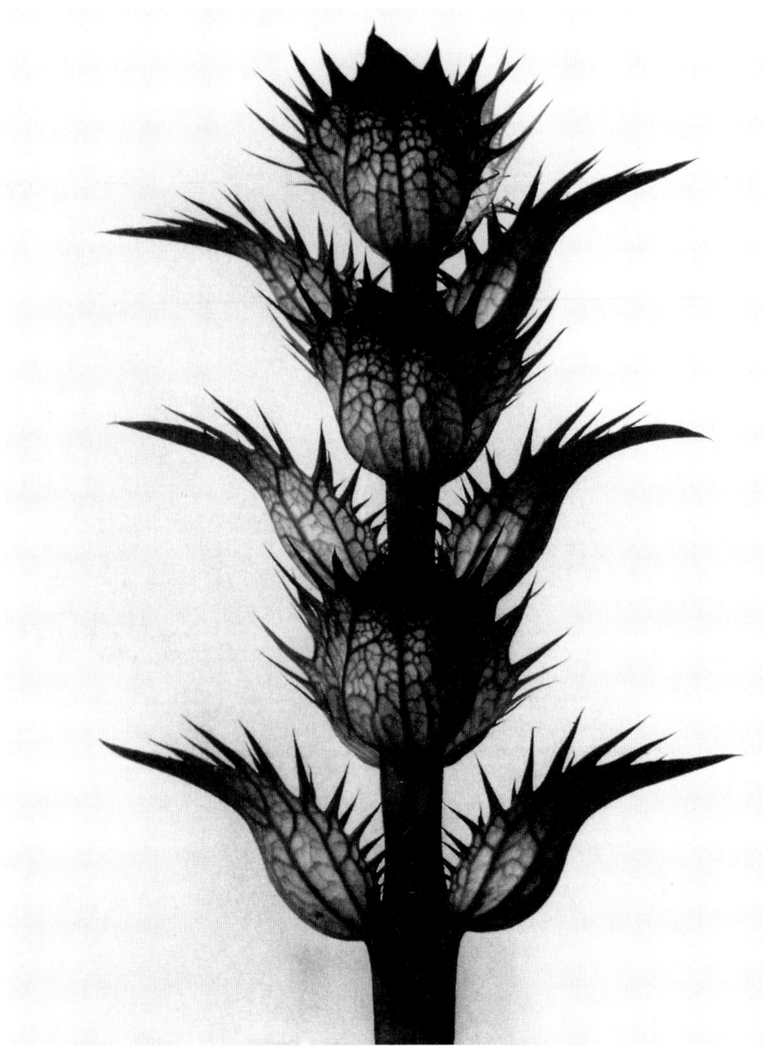

ABB. 1
Karl Blossfeldt: *Acanthus mollis* (Akanthus, Bärenklau),
Urformen der Kunst, Tafel 92

Karl Blossfeldts Arbeitscollagen: Ein fotografisches Skizzenbuch

Karl Blossfeldt (1865–1932) gilt in der Geschichte der deutschen Fotografie als einer der wichtigsten Vertreter der Neuen Sachlichkeit. 1928 feierte er mit der Publikation seines Bildbandes *Urformen der Kunst* seinen ersten, internationalen Erfolg. Im folgenden Jahr trat der schon über sechzigjährige Bildhauer und Pflanzenmodelleur in der berühmten Ausstellung »Film und Foto« in Stuttgart an der Seite der jungen fotografischen Avantgarde auf. Blossfeldts streng komponierte Aufnahmen von Pflanzendetails, die wie gußeiserne Gebilde vor einem neutralen Hintergrund stehen und ursprünglich als Vorlagen für seinen Unterricht im Pflanzenmodellieren dienten, wirkten auf seine Zeitgenossen exemplarisch für eine moderne Fotografie, die die malerischen Effekte des Piktoralismus durch eine sachbezogene und mediengerechte Fotografie ersetzen wollte (ABB. 1).

Überraschend ist daher das vorliegende Material, das einen ganz anderen Fotografen zeigt. Die einundsechzig im Nachlaß erhaltenen, grauen Kartonbögen vereinen über tausend Kontaktabzüge von Blossfeldts Negativen.[1] Diese Kontaktabzugbögen oder »Arbeitscollagen« werden hier vollzählig wiedergegeben und erlauben einen neuen Einblick in Blossfeldts Schaffen. Sie zeigen zum einen, daß die für Blossfeldt so typische Isolierung eines einzelnen Pflanzenteils erst in einem zweiten Arbeitsgang, nämlich bei der Vergrößerung und nicht schon bei der Aufnahme zustande kam. Zum anderen geben die Bögen Aufschluß über ein mögliches konzeptuelles Denken Blossfeldts, das sich in der Anordnung der Kontaktabzüge in Motivgruppen manifestiert.

Nie hätte Blossfeldt dieses Material selbst publiziert. Beim Durchsehen der Bögen läßt uns ein voyeuristisches Gefühl nicht los. Mit scheuer Neugier blicken wir in Blossfeldts Werkstatt, die Bilder enthält, welche mit den berühmten Fotografien in *Urformen der Kunst* und der nachfolgenden Publikation *Wundergarten der Natur* (1932) wenig gemeinsam haben. Statt der einzelnen, meist symmetrisch angeordneten, sachlich kühlen Pflanzenornamente finden wir Kontaktabzüge, auf denen mehrere Pflanzen eng und kunstlos aneinandergelegt sind, so als ob sich der Fotograf teures Negativmaterial sparen wollte. Die in *Urformen der Kunst* sorgfältig arrangierten vegetabilen Formen entpuppen sich als gewöhnliche Pflänzchen, die für die Aufnahme auf Nägel gespießt und mit Modelliermasse befestigt wurden. Fehlerhafte, mit der Schere zurechtgeschnittene Abzüge auf verschiedenen fotografischen Papieren – braune Bromsilbergelatine- und graue Chlorsilbergelatinepapiere, aber auch billigere blaue Cyanotypien oder Blaupausen – vermitteln den Eindruck, daß wir es hier mit Notizen oder Skizzen zu tun haben, die ausschließlich zum privaten Gebrauch des Künstlers gedacht waren.

Die Anordnung der Kontaktabzüge und die Abfolge der unterschiedlich numerierten Bögen suggerieren, daß Blossfeldt mit diesen Tafeln gearbeitet hat. Mit keinem Wort aber erwähnt Blossfeldt je dieses Material. Es bleibt uns überlassen, die Funktion der Bögen zu erraten.[2] Mit der Entdeckungslust des Forschers, der im staubigen Archiv auf Schätze stößt, die der Öffentlichkeit auf immer hätten verborgen bleiben sollen, hoffen wir, hier einen geheimen Schlüssel zu Blossfeldts Werk zu finden. Hat Blossfeldt diese Kontaktabzugbögen für die Konzeption seiner Bildbände hergestellt? Oder ganz einfach um einen Überblick über seine Negative zu gewinnen? Zeigen uns die Arbeitscollagen einen Blossfeldt, der sich mit der Errichtung einer botanischen Typologie auseinandersetzte? Einen Wissenschaftler auf der Suche nach Goethes »Urpflanze«? Oder gar einen Vorläufer der Konzeptkunst?

Zunächst war Karl Blossfeldt ein begabter Pflanzenmodelleur, der als Assistent des Malers und Kunstgewerblers Moritz Meurer 1892 bis 1897 in Rom für den Aufbau einer Lehrmittelsammlung zum Studium der Naturformen Gips- und Bronzemodelle, schematisierte Zeichnungen und Fotografien von Pflanzen herstellte. 1896 wird Blossfeldt zum ersten Mal als Urheber einer Pflanzenfotografie in Meurers Werk *Ursprungsformen des Griechischen Akanthus-Ornaments* erwähnt. Die Naturstudiensammlung Meurers, der sich speziell für die vegetabilen Vorbilder der antiken Kunst interessierte, war ein vom preußischen Handelsministerium unterstütztes Projekt, das deutsche Kunstgewerbe nach den enttäuschenden Auftritten bei den Weltausstellungen in Paris und London wieder konkurrenzfähig zu machen. Das genaue Studium des Pflanzenaufbaus und seine materialgerechte Umsetzung in der dekorativen Kunst sollte die überladene Ornamentik des Historismus ersetzen und so das deutsche Kunsthandwerk wieder auf einen mit der klassischen Antike vergleichbaren Höhepunkt bringen.

Nach seiner Assistenzzeit unterrichtete Blossfeldt Meurers Naturstudienmethode von 1899 bis zu seiner Emeritierung 1930 als Lehrer des eigens für ihn geschaffenen Ergänzungsfachs »Modellieren nach lebenden Pflanzen« an der Unterrichtsanstalt des Kunstgewerbemuseums Berlin, wo er selbst studiert hatte.[3] Leider verloren aber Meurers Naturstudien bald an Bedeutung. Nach 1910 wurde Blossfeldts Unterricht kaum mehr besucht. Das Jahrbuch 1911/12 zum Beispiel listet nur noch einen Studenten in seinem Abendkurs auf, und in den späten zwanziger Jahren sollen sich die jungen Kunsthandwerker beim »alten Blossfeldt« nur eingeschrieben haben, um sich von anderen, anstrengenderen Kursen zu erholen.[4] Aus dem 19. Jahrhundert hervorgegangen und in der Zeit des Jugendstils als Dozent an die Schule berufen, war Blossfeldt ein Pädagoge, der sich nach kurzer Tätigkeit selbst überlebt hatte. 1912 versuchte der Direktor der Schule, der Architekt Bruno Paul, Blossfeldt in ein botanisches Institut versetzen zu lassen.[5] Der Versuch blieb erfolglos. Blossfeldt verharrte in seiner Anstellung, auch wenn er von seinen Arbeitskollegen als »freundliches Exemplar einer ausgestorbenen Gattung«[6] angesehen wurde, als »Sonderling, ... der unfruchtbaren Hirngespinsten nachjagt«.[7]

Das Modellieren von Pflanzen und der Naturstudienunterricht waren also Blossfeldts hauptberufliche Aufgaben. Die Pflanzenfotografie aber, die er mit Meurer im Mittelmeerraum praktiziert hatte, ließ ihn auch nach den Jahren in Rom nicht mehr los. Bis 1906 muß seine Pflanzenbildersammlung schon enorme Ausmaße angenommen haben. In einem Brief an die Direktion der Unterrichtsanstalt aus jenem Jahr erwähnt Blossfeldt über tausend Negative, von denen er aus finanziellen Gründen nur langsam Abzüge herstellen könne.[8] Dabei würdigte die Direktion der Schule Blossfeldts Pflanzenfotografien kaum. Erst 1920 kaufte sie auf wiederholte Anfrage hin dreißig Abzüge.[9] Blossfeldts fotografisches Talent wurde vielmehr in der Reproduktion von Schülerarbeiten wahrgenommen, wie eine Notiz der Administration von 1927 zeigt:

> »Lieber Herr Blossfeldt! Es sind zwar Ferien, aber wir haben Sehnsucht nach Ihren photographischen Künsten. Was von verschiedenen Photographen in unserer Ausstellung ge[macht worden] ist, befriedigt vor allem Herrn Dir[ektor] Paul nicht, und er meinte, Sie machten das viel besser. Könnten Sie nicht (trotz der Ferien) noch gleich in diesen Tagen einige Aufnahmen machen? Wir möchten Sie recht herzlich darum bitten!«[10]

Einige solcher Reproduktionen von Arbeiten seiner eigenen Studenten befinden sich heute im Karl Blossfeldt Archiv (ABB. 2). Sie geben Aufschluß über die ursprüngliche Bestimmung von Blossfeldts Fotografien als direkte Vorlagen für die Modellierarbeiten aus seinem Unterricht.

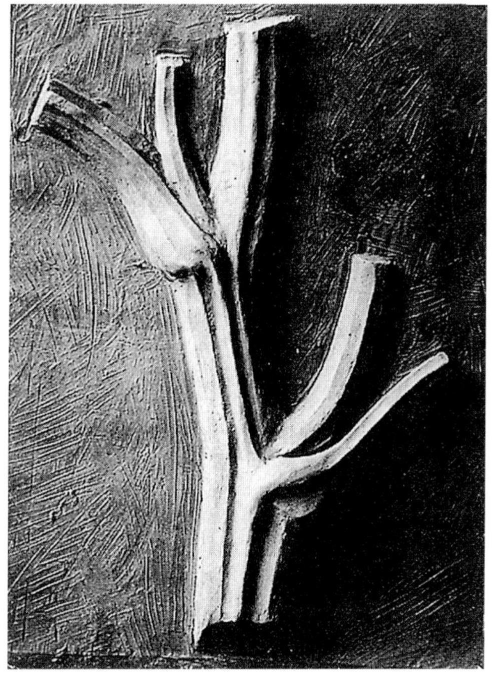

ABB. 2
Karl Blossfeldt: Fotografie einer Schülerarbeit, Karl Blossfeldt Archiv

Für die Kunstwelt entdeckt wurden Blossfeldts Pflanzenfotografien 1926 durch den Galeristen Karl Nierendorf, einen Förderer der neusachlichen Malerei, wahrscheinlich anläßlich einer Ausstellung in den Gängen der Schule, wo Blossfeldt und seine Studenten Arbeiten aus dem Unterricht zeigten.[11] Nierendorf organisierte daraufhin die Präsentation einer Auswahl von Pflanzenbildern in seiner Berliner Galerie, die mit ihrer Unterstützung der modernen Kunst Blossfeldts fotografisches Werk zum ersten Mal in den Kontext der künstlerischen Avantgarde brachte. Der Galerist zeigte Blossfeldts Fotografien zusammen mit Skulpturen aus Afrika und Ozeanien und kündigte in dieser Zusammenstellung von Pflanzenbildern und »primitiver« Kunst die Idee der »Urformen der Kunst« an.

Blossfeldts eigentlicher Durchbruch gelang aber erst im Herbst 1928 mit der Veröffentlichung seines ersten Bildbandes *Urformen der Kunst*, dessen Erscheinen ebenfalls dem Galeristen zu verdanken war. Schon 1927 setzte sich Nierendorf für eine Publikation ein, zuerst im eigenen Verlag, dann fand er in Ernst Wasmuth einen geeigneten Partner, der Erfahrung in der Publikation von hochwertigen Architektur- und Kunstbänden hatte und mit seinen Geschäftsbeziehungen 1929 eine internationale Ausgabe in Paris, London, New York und Stockholm möglich machte. Nierendorf spielte nicht nur als Entdecker und Initiator der Veröffentlichung, sondern auch als Verfasser des Einführungsessays von *Urformen der Kunst* eine wichtige Rolle in der Neubewertung von Blossfeldts fotografischem Werk. Auf Nierendorfs Bedeutung als »Regisseur« von Blossfeldts Erfolg wird in der Literatur verschiedentlich hingewiesen. Die Arbeitscollagen zeigen nun, daß Blossfeldt selbst an der Veröffentlichung seines Werks aktiv beteiligt war. Verschiedene Anzeichen weisen darauf hin, daß er zwischen 1926 und 1928 bei der Konzeption von *Urformen der Kunst* mit seinen Kontaktbögen gearbeitet hat.

Die einundsechzig hier wiedergegebenen »Arbeitscollagen« vereinen auf 50 x 65,5 cm großen, grauen Kartonbögen meist etwa zwanzig nach Motivtypen geordnete Kontaktabzüge oder Ausschnitte davon (mit Abweichungen nach unten bis zu sechs und nach oben bis zu vierzig). In einer fast musikalisch anmutenden Abfolge werden Themen, ihre Wiederholungen und Variationen durchgespielt. Sie schaffen einen Rhythmus, der durch die Erscheinung und die Anzahl der Motive auf einem Bogen, aber auch durch die wechselnde Farbigkeit der verschiedenen Abzüge bestimmt wird. In Tafel 1 findet man zum Beispiel vornehmlich Aufnahmen von Schachtelhalmen, die senkrecht nebeneinandergereiht vor einem hellen Hintergrund fotografiert wurden. In der Häufung erscheinen die Schachtelhalme wie stramme Soldaten, die in ihrer banalen Repetition ein »Ornament der Masse« bilden, wie Siegfried Kracauer es genannt hätte.

Der ästhetische Reiz der Tafel, den Blossfeldt wohl kaum als solchen absichtlich geschaffen hat, entsteht aber nicht nur durch die Wiederholung, sondern auch durch die Abweichungen von der Norm. Die blaue Cyanotypie links oben hebt sich von den vorherrschenden Grautönen ab; der horizontal ausgerichtete Abzug darunter legt sich quer zur allgemeinen Richtung; die Ansammlung von Schnitten durch das gleiche Gewächs in der Mitte sticht wegen ihres dunklen Hintergrunds heraus und läßt den Blick des Betrachters ins Räumliche der Vogelperspektive schwenken, während die Lücke unten rechts (mit der Notiz »Blatt 40 unvollständig«) darauf hindeutet, daß die Tafel nicht in sich abgeschlossen ist und die Reihung der Motive unendlich fortsetzbar wäre. Diese Effekte lassen ein gestalterisches Denken hinter der Anordnung der Kontakte vermuten, so daß sich die Bezeichnung der Bögen mit dem in der

Kunstgeschichte nicht gerade unbelasteten Begriff der Collage rechtfertigen läßt.

Blossfeldt hat seine Kontaktabzugbögen unten rechts numeriert und zwar mehr als einmal. Eine erste Ordnung des Materials wurde mit den römischen Zahlen I bis XXII bezeichnet. Dabei fehlen die Nummern V, X und XX, was darauf hinweist, daß das Material möglicherweise nicht vollständig erhalten ist. Eine zweite Ordnung der Bögen wurde von 1 bis 28 in arabischen Zahlen mit einer weiteren Unterteilung durch angehängte Kleinbuchstaben, wie in 5a, 5b und so weiter, vorgenommen (es fehlen 1, 2, 3 und 16). Schließlich hat Blossfeldt die in dieser Publikation übernommene Numerierung von 1 bis 61 festgelegt und die anderen beiden Numerierungen durchgestrichen. Einige Bögen weisen nur eine Numerierung auf, was darauf hindeuten könnte, daß sie in den beiden letzten Ordnungen an gleicher Stelle vorkamen.

Die Numerierung der Arbeitscollagen muß für Blossfeldt von Bedeutung gewesen sein, sonst hätte er sie nicht wiederholt geändert. Der Versuch, die Bögen nach einem der älteren Systeme umzuordnen, vermag keine Antwort auf die Frage nach dem Sinn der Ordnung zu geben. Es fällt einzig auf, daß die römische Numerierung Bögen mit deutlich mehr Cyanotypien und Bromsilbergelatineabzügen enthält und daß die einzelnen Pflanzenmotive dieser Serie häufiger zusätzlich numeriert, das heißt identifiziert sind. Ging es bei dieser ersten Ordnung vor allem um die botanische Bestimmung der Pflanzen? Wie Ganteführer-Trier vorschlägt, handelt es sich nämlich bei der Numerierung der einzelnen Pflanzen mit größter Wahrscheinlichkeit um Seiten- oder Tafelbezeichnungen aus einer botanischen Publikation.[12] Die einheitliche Bezeichnung für die Blütenknospe wie für die Samenkapsel einer Spezies, wie zum Beispiel beim Mohn mit der Nummer 159, spricht für diese Interpretation.

Die Motive selbst sind nach morphologischen Kriterien geordnet. Sie folgen dem »System Meurer«, wie Blossfeldt die plastische Naturstudienlehre seines Mentors nannte. Tatsächlich könnte man die Kapitelüberschriften aus Moritz Meurers Publikationen für die Bezeichnung der einzelnen Bögen direkt übernehmen: »Laubblätter«, »Blüten«, »Schaftformen und Verzweigungsansätze«[13] oder auch »Symmetrische Pflanzenstrukturen«, »Knospenformen« und »Rosetten«.[14] Die einzelnen Negative zeigen noch keine solche Auseinandersetzung mit einer formalen Ordnung. Im Gegenteil, oft unterscheiden sich die auf einem Negativ gruppierten Pflanzenformen so sehr, daß Blossfeldt die Kontaktabzüge auseinandergeschnitten hat, um die Motive morphologisch einordnen zu können.

Bei der Vergrößerung zum eigentlichen Abzug wählte Blossfeldt dann aus dem isolierten Motiv einen noch kleineren Ausschnitt. Diesen endgültigen Ausschnitt zeichnete er hin und wieder auf seinen Kontaktbildern mit Bleistift oder roter Tusche ein. So entfernte Blossfeldt die »Kunstform« der Pflanze, wie sie in seinem Bildband wiedergegeben ist, immer weiter von ihrer ursprünglichen »Naturform«. Der Künstler Stanislav Kubicki, einer der wenigen, die sich in den zwanziger Jahren kritisch zur Idee der Natur als »Urform der Kunst« äußerten, bemerkte dazu leicht ironisch, daß das Pflänzchen in der Natur noch Wurzeln habe.[15] In den Kontaktabzügen sind diese zum Teil noch sichtbar. Auf der ersten Tafel zum

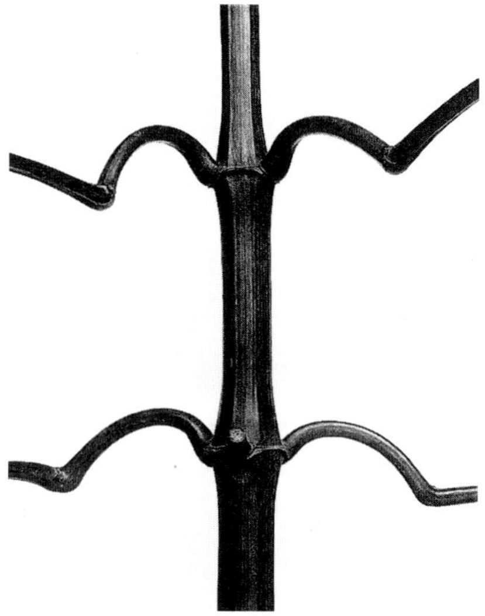

ABB. 3
Karl Blossfeldt: *Impatiens gladulifera* (Balsamine, Springkraut), *Urformen der Kunst*, Tafel 19

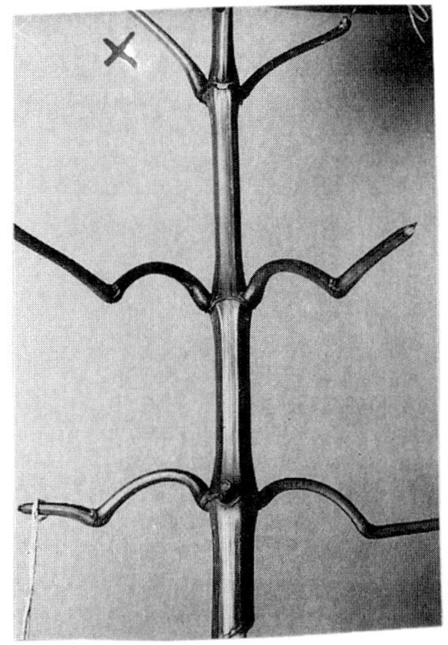

ABB. 4
Karl Blossfeldt: Balsamine, Kontaktabzug, Ausschnitt aus der Arbeitscollage Nr. 27

Beispiel findet man rechts oben zwei Schachtelhalme, die anders als die üblichen, isolierten Halme noch den Teil der Pflanze zeigen, der sich unter der Erde befindet. Diese hätten Georges Bataille bei seiner Beschreibung des Erotischen und Morbiden in der Pflanze wohl mehr inspiriert als Blossfeldts kunstvoll inszenierte Motive, die Batailles Essay »Die Sprache der Blumen« illustrierten.[16]

Für die Publikation seiner Pflanzenfotografien in *Urformen der Kunst* hat Blossfeldt also Ausschnitte von Ausschnitten hergestellt und dabei jedes Anzeichen seines Arbeitsprozesses peinlich genau aus seinen Bildern entfernt (ABB. 3, 4). Um seine Kunstformen aus der Natur zu gewinnen, zerschnitt Blossfeldt die Pflanzen mit dem Skalpell zum Teil so sehr, daß die Präparate heute kaum mehr botanisch identifizierbar sind.[17] Manchmal entfernte er auch störende Attribute in einem weiteren Arbeitsgang auf dem Abzug. Der Schachtelhalm, der als erste Abbildung von *Urformen der Kunst* diente, weist im Kontaktabzug auf Tafel 1 zum Beispiel noch ein kleines Blättchen auf, das Blossfeldt für die Publikation wegretuschiert hat.[18] Emulsionsschäden, Staubpartikel oder andere schadhafte Stellen auf den Fotografien wurden bereinigt und eventuell sichtbare Schatten teilweise schon auf den Kontaktabzügen manuell entfernt. Auch in den weiteren Publikationen ist dies der Fall. So kam es, daß Blossfeldts Werk heute als Paradebeispiel für die nüchterne Ästhetik der Neuen Sachlichkeit gilt.[19]

Den Kontaktabzügen entnehmen wir, daß diese Ästhetik nicht durch eine neue Aufnahmetechnik zustande kam, wie etwa bei Albert Renger-Patzsch oder Edward Weston, dessen Konzept der »pre-visualization« das Endprodukt nicht einmal erst auf der Mattscheibe, sondern schon im geistigen Auge des Fotografen entstehen ließ. Weston, eine der Hauptfiguren der amerikanischen »straight photography«, lehnte jegliche Manipulation des Abzugs ab. Blossfeldt hingegen arbeitete als Fotograf wie ein Bildhauer, der sein Werk in aufwendigen Schritten aus dem Material selbst herausmodelliert. Seine Einordnung in die Fotografie des Neuen Sehens ist nur dann möglich, wenn von der Entstehungsweise seiner publizierten Bilder abgesehen wird.

Die Kreuze in Bleistift oder roter Tusche auf den Kontaktabzügen lassen vermuten, daß Blossfeldt bei der Konzeption von *Urformen der Kunst* an seinen Kartons gearbeitet hat. Die Markierungen entsprechen nämlich immer einer Abbildung aus dem Buch. Wie

GantefĂĽhrer-Trier ĂĽberprĂĽft hat, finden sich alle in *Urformen der Kunst* publizierten Bilder auf den Arbeitscollagen.[20] Dies erlaubt eine annĂ¤hernde Datierung von Blossfeldts Arbeit mit den BĂ¶gen auf die Zeit zwischen der Ausstellung bei Nierendorf im Juni 1926 und dem Erscheinen von *Urformen der Kunst* im November 1928.[21] Die Abbildungen aus *Wundergarten der Natur* hingegen sind nicht vollstĂ¤ndig auf den KontaktbĂ¶gen wiederzufinden. Blossfeldt hat also seine Arbeit entweder nicht fortgesetzt, oder das entsprechende Material ist nicht mehr vorhanden.

Die KontaktbĂ¶gen dienten hingegen kaum als direkte Vorlage fĂĽr das Buch. In der Numerierung 1 bis 61 beginnen die BĂ¶gen zwar wie *Urformen der Kunst* mit einer grĂ¶Ăźeren Serie von Schachtelhalmen. Zudem finden sich jeweils mehrere benachbarte Motive aus *Urformen der Kunst* auf den Tafeln gruppiert: Tafel 1 enthĂ¤lt beispielsweise die Abbildungen 1 bis 7, Tafel 5 enthĂ¤lt die Abbildungen 40 bis 45 und Tafel 12 die Abbildungen 31, 32 und 37. Weiter stimmt die Abfolge der BĂ¶gen mit derjenigen der Abbildungen in *Urformen der Kunst* nicht ĂĽberein. Auch lassen sich Motive aus dem Buch auf allen drei verschiedenen fotografischen Papieren finden, was darauf hindeutet, daĂź die Kontakte nicht in Hinblick auf die Publikation hergestellt wurden, sondern wahrscheinlich ĂĽber mehrere Jahre oder Jahrzehnte entstanden sind. Die Ordnung der Motive auf den BĂ¶gen weist deshalb ĂĽber die praktische Herstellung des Bildbandes hinaus auf Blossfeldts theoretische Auseinandersetzung mit der pflanzlichen Form, die seit seiner frĂĽhen Zusammenarbeit mit Moritz Meurer und nicht erst zum Zeitpunkt der VerĂ¶ffentlichung seines Werks stattfand.

Da Blossfeldt nur Ausschnitte und selten ganze KontaktabzĂĽge auf seine Kartons aufgezogen hat, handelt es sich bei den Arbeitscollagen nicht um ein Archiv der Negative, sondern um ein Archiv der Motive. Dieser Unterschied ist entscheidend fĂĽr die Erforschung der Funktion der BĂ¶gen. Ăśblicherweise dienen KontaktabzĂĽge einem Fotografen als positiver Katalog seiner Negative. Im Gegensatz zum Werk des Malers zeichnet sich das Werk des Fotografen nĂ¤mlich durch seine meist unĂĽberschaubare GrĂ¶Ăźe aus. Viele Negative werden nie vergrĂ¶Ăźert oder finden erst Jahre nach der Aufnahme eine Nutzung. Ein Negativ aus tausenden wiederzufinden, stellt aber eine nicht zu unterschĂ¤tzende organisatorische Aufgabe dar. Ein Numerierungssystem der KontaktabzĂĽge, die leichter erkennbar sind als die Negative mit ihrer Umkehrung der Werte, dient der besseren Ăśbersicht. Wie Blossfeldt sein Plattenarchiv geordnet hat, ist heute nicht mehr eruierbar. Die Arbeitscollagen jedenfalls waren nicht zur Lokalisierung eines Negativs nutzbar, da er seinen visuellen Index der KontaktabzĂĽge absichtlich demontiert und neu konstruiert hat. Mit der rĂ¤umlichen Trennung der Motive eines Kontaktabzugs und deren Verteilung auf verschiedene BĂ¶gen ging die Ăśbereinstimmung von Negativ und Kontaktabzug verloren.[22]

Ebenfalls nach Motiven geordnet sind die KontaktabzugbĂ¶gen des ungarischen Fotografen BrassaĂŻ, die eine verblĂĽffende Ă„hnlichkeit mit Blossfeldts Arbeitscollagen zeigen (ABB. 5). BrassaĂŻ, ein in Paris tĂ¤tiger Zeitgenosse Blossfeldts, stellte Reproduktionen von Pablo Picassos Werken her, die er zwei Serien zuteilte: Â»Sculptures de PicassoÂ« und Â»PicassoÂ«. Konsequenter als Blossfeldt numerierte BrassaĂŻ seine Motive und identifizierte zudem die einzelnen Aufnahmen mit Buchstaben, die er der Motivnummer hintanstellte. Die ganzen Tafeln numerierte Brassaï oben rechts und gab unten links die auf der jeweiligen Tafel vorhandenen Motive an. Handschriftliche Annotationen verweisen auf die Publikation der Bilder in der fast ausschließlich Picassos Skulpturen gewidmeten ersten Nummer der Zeitschrift *Minotaure* von 1933 und dem Buch *Les Sculptures de Picasso*, das 1949 erschienen ist.[23] Wie Blossfeldt arbeitete Brassaï also im Hinblick auf die Veröffentlichung der Bilder an den Bögen, vielleicht sogar zusammen mit dem Verleger und dem Künstler, mit dem er bezüglich der erwähnten Publikationsprojekte in einem regen Briefwechsel stand.[24]

Ein nach Datum oder Thema organisierter visueller Index kann aber auch der kommerziellen Nutzung eines Werks dienen. Der deutsche Fotograf August Kotzsch, der in der zweiten Hälfte des 19. Jahrhunderts fotografische Vorlagen für Maler produzierte und bis nach Amerika verkaufte, stellte Angebotsbögen seiner Studienblätter her (ABB. 6). Sie hatten die Funktion eigentlicher Verkaufskataloge und ließen sich vervielfältigen, indem Kotzsch seine Kontaktabzüge nicht wie Blossfeldt auf Kartons klebte, sondern gruppenweise an eine Bretterwand heftete und dann wieder fotografierte.[25] Die Numerierung der einzelnen Negative wurde direkt auf der Glasplatte vorgenommen und erscheint deshalb weiß im positiven Abzug. Die Angebotsbögen sind ebenfalls numeriert. So konnte unter Angabe der Negativ- und der Bogennummer eine präzise Bestellung entgegengenommen werden.

Auch der bekannteste Archivar der Fotogeschichte, Eugène Atget, unterhielt ein System, das seine positiven Abzüge mit sei-

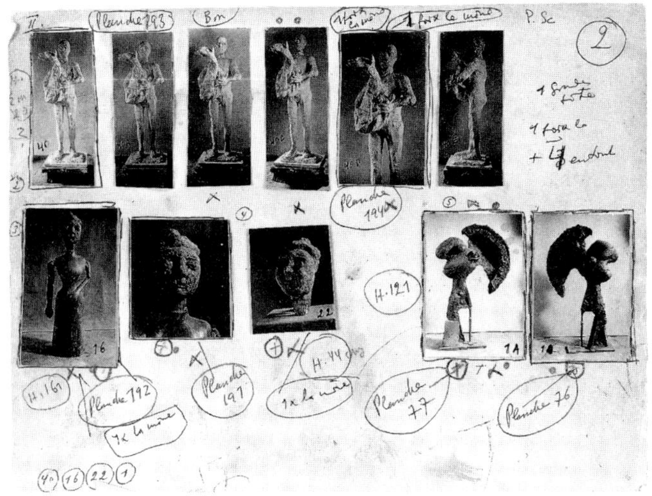

ABB. 5
Brassaï: *Sculptures de Picasso* , Kontaktbogen 2, 1946–1949, 24 x 32 cm

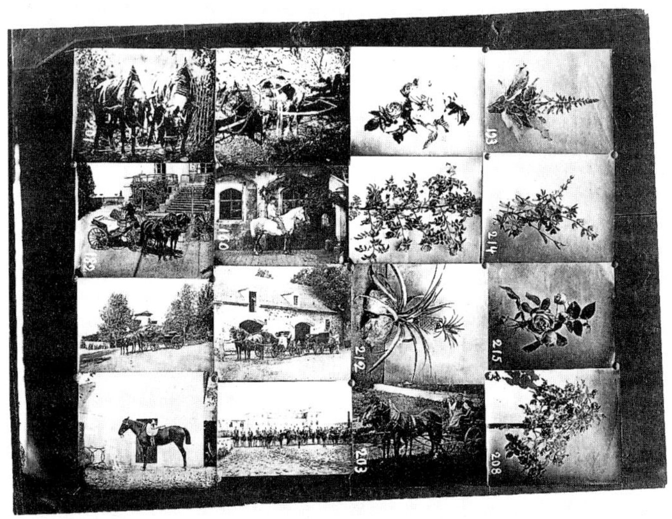

ABB. 6
August Kotzsch: Angebotsbogen, 1860er bis 1870er Jahre, 15,2 x 19,9 cm

nem Plattenarchiv verband. Er bewahrte bis zu 10000 numerierte Abzüge in verschiedenen Präsentationsalben auf.[26] Lange blieb Atgets Numerierungssystem ein Rätsel, bis der Schlüssel dazu entdeckt wurde: Atgets gesamtes Werk besteht aus topographischen Sujets, die in fünf große Serien mit verschiedenen Untergruppen eingeteilt sind. Jede Serie trägt ihre eigene Numerierung, eine bis zu vierstellige Negativbezeichnung.[27] Die Organisation von Atgets Bildern gleicht einem Katalog, der dem System seiner Kunden nachempfunden war, wie Rosalind E. Krauss bemerkte: »Das Kodierungssystem, das Atget bei seinen Bildern anwandte, leitet sich von den Karteien der Bibliotheken und topographischen Sammlungen ab, für die er arbeitet. Seine Themen sind oft standardisiert, diktiert von den bestehenden Kategorien der Landvermessung und der historischen Dokumentation.« Dieses Organisationssystem von Atgets fotografischem Archiv sollte nicht mit einem künstlerischen Konzept verwechselt werden: »Ein Katalog ist nun aber nicht so sehr eine Idee als vielmehr eine Mathesis, ein System der Organisation. Er gehorcht nicht einer intellektuellen, sondern einer institutionellen Analyse«.[28]

Im Gegensatz zu Kotzschs Angebotsbögen und Atgets Alben sind Blossfeldts Kartons eher intellektuell als institutionell nutzbar. Sie unterstehen weder der Logik der kommerziellen Anwendung noch der Logik der Aufbewahrung. Sie bilden vielmehr den Ausgangspunkt für ein vertieftes Studium der Pflanze. In ihrer Aufteilung nach Meurers morphologischen Kriterien zeichnen Blossfeldts Arbeitscollagen eine Typologie der vegetabilen Form auf. Ihr Format erinnert an Michel Foucaults Beschreibung der klassischen Naturgeschichte: Blossfeldts Kartons gleichen einem »zeitlosen Rechteck, in dem die Wesen, jeden Kommentars und jeder sie umgebenden Sprache bar, sich nebeneinander mit ihren sichtbaren Oberflächen darstellen, gemäß ihren gemeinsamen Zügen aneinandergerückt, und dadurch bereits virtuell analysiert«.[29] Der rechteckige Raster der Kontaktbögen läßt Blossfeldts Zusammenstellung von Pflanzenstrukturen also in die Nähe der Botanik eines Carl von Linné rücken, dessen systematische Klassifikation verschiedener Arten von Lebewesen auf der Logik des formalen Vergleichs beruhte.

Bei Blossfeldts Arbeitscollagen handelt es sich aber nicht um ein fotografisches Herbarium, obwohl sein Werk auch schon als solches bezeichnet worden ist.[30] Blossfeldt war an der Botanik kaum interessiert. Er nahm sich zwar die Mühe, einen Teil der Pflanzen zu identifizieren, andere aber präparierte er bis zur Unkenntlichkeit. Auslöser seiner Untersuchung der Pflanze war nicht wie bei Goethes morphologischen Studien die Suche nach einer »Urpflanze«[31], sondern die Suche nach der »Urkunst«. Blossfeldts Bögen müßten deshalb genauer als eine »Typologie des vegetabilen Ornaments in seiner natürlichen Form« bezeichnet werden. Dabei stimmt seine Vorstellung der ornamentalen »Urform« mit Gottfried Sempers Prinzip der »Grundform« überein, das denjenigen Zustand eines Objekts beschreibt, bei dem Form und Funktion eins sind.[32] Diese Einheit von Form und Funktion, die dem zeitgenössischen Programm des Deutschen Werkbunds entsprach, verkörperte für Blossfeldt die Pflanze: »[Die Pflanze] baut und formt nach Logik der Zweckmäßigkeit, und sie bringt alles in künstlerische Form«.[33] Blossfeldt brauchte das Medium Fotografie, um diese Einheit aufzulösen. Er führte die künstlerische Form der Pflanze so aus ihrer Naturform heraus, daß sie der Funktion der dekorativen Gestaltung angepaßt werden konnte.

Die Kontaktabzugbögen spielten dabei eine wesentliche Rolle. Sie waren eine logische Zwischenstufe in einem Arbeitsablauf, der sich von der Auswahl der Pflanzen in der Natur zu deren Präparierung im Atelier, der Bestimmung der Aufnahmebedingungen, der Auswahl eines Negativausschnitts bis zur Herstellung des vergrößerten Abzugs in einem Prozeß der fortschreitenden Vereinfachung der pflanzlichen Form abwickelte. Diese Fähigkeit zur Abstraktion meinte Blossfeldt wahrscheinlich, als er die Schwierigkeit seiner Aufgabe beschrieb: »Wenn ich jemandem einen Schachtelhalm in die Hand gebe, so ist es kein Problem, davon eine photographische Vergrößerung zu machen – das kann jeder. Aber beobachten, die Formen sehen und finden, das aber können nur wenige.«[34] Der zweite Satz könnte auch so verstanden werden: Der kreative Prozeß der Formfindung spielt sich nicht bei der Aufnahme ab, sondern erst nachher, bei der Arbeit an den Kontaktbögen. Das Resultat von Blossfeldts eingehendem Studium verwandter, vegetabiler Formen, von deren formaler Einordnung in ein typologisches System und deren Abstraktion durch die fotografische Nahsicht ist die Metamorphose der Pflanze in eine ornamentale Kunstform. Diese Metamorphose der pflanzlichen Form stellt Blossfeldts eigentliche künstlerische Leistung dar.

Blossfeldts Pflanzenarchiv erhält heute eine neue Aktualität, indem es mit Werken aus der neueren Kunstgeschichte in Verbindung gebracht wird.[35] Während Blossfeldts Pflanzenbilder schon länger aus formalen Gründen mit den Industriefotografien des deutschen Fotografenpaars Bernd und Hilla Becher verglichen werden, offenbart sich in den Arbeitscollagen eine neue Parallele in der Auseinandersetzung mit dem typologischen Vergleich.[36] Der sachliche, isolierende Blick des Fotografenpaars, der die Industriebauten zu monumentalen, »anonymen Skulpturen« werden läßt, positioniert die Bechers in die Tradition der Neuen Sachlichkeit. Wie Blossfeldts Pflanzenvergrößerungen sind die Motive der Bechers meist zentriert und ihrem Kontext enthoben (ABB. 7). Natürlich wissen wir jetzt, daß dieser Vergleich nur ein oberflächlicher ist, da Blossfeldts Pflanzenbilder Produkte eines aufwendigen Auswahlverfahrens anläßlich der Vergrößerung sind und nicht wie bei den Bechers dank eines standardisierten Aufnahmeverfahrens zustande kamen.

Dennoch lohnt sich eine genauere Analyse der Parallelen, da diese eine völlig neue Rezeption von Blossfeldts Werk aufzeigen. Seit der *documenta VI* von 1977 in Kassel werden Blossfeldts Bilder wie diejenigen der Bechers in Ausstellungen und Publikationen in Motivgruppen aufgeteilt und im Raster präsentiert. Unter dem vereinenden Titel *Vergleichende Konzeptionen* erschienen 1997 Werke Blossfeldts und der Bechers in einer Ausstellung, in der Blossfeldts Kontaktabzugbögen zum ersten Mal der Öffentlichkeit gezeigt wurden.[37] In diesem Zusammenhang traten die Kartons nicht mehr als Arbeitsmaterial auf, sondern als museumswürdige Werke.

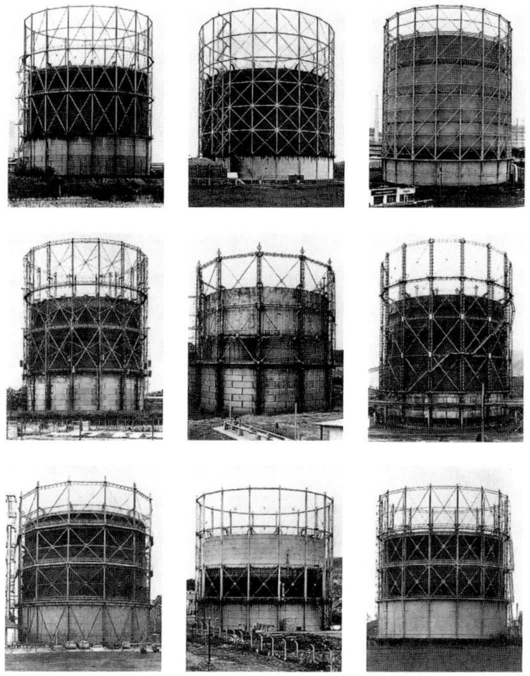

ABB. 7
Bernd und Hilla Becher: Gasbehälter

Der Vergleich mit den Becher'schen Tafeln warf die Frage nach einem möglichen konzeptuellen Denken Blossfeldts auf. Jetzt dienten Blossfeldts Fotografien nicht mehr ausschließlich der Einbindung der Bechers in eine formale Tradition. Sein Werk wurde umgekehrt durch den Vergleich mit den Bechers neu ausgelegt und aktualisiert, während Blossfeldt selbst die Bezeichnung eines Vorläufers der Concept Art erhielt.

In der Tat erinnern die Arbeitscollagen mit ihrer Akkumulation der Motive und ihrer typologischen Ordnung den heutigen Betrachter an die Kunst der sechziger und siebziger Jahre. Auch die unsorgfältige, mit handschriftlichen Annotationen versehene materielle Fertigung läßt an Werkpräsentationen denken, wie sie in der Konzeptkunst vorkamen. Man findet die Strategie des Sammelns zum Beispiel in Ed Ruschas Künstlerbuch *26 Gasoline Stations* (1962), mit dem Ruscha ein fotografisches Inventar der betreffenden Gebäude erstellt hat, eine Morphologie der Tankstellen zwischen Los Angeles und Oklahoma City. Unprofessionell gefertigte, fotografische Collagen mit nachlässig vermerkten Notizen treten hingegen in der Konzeptkunst als Zeugen von künstlerischen Aktionen auf, zum Beispiel in Douglas Hueblers *Duration Piece* von 1969 (ABB. 8). Die Künstler verliehen dabei ihren Arbeiten bewußt eine unscheinbare Form, die im Gebrauch von fehlerhaft entwickelten Abzügen, Leim und Klebestreifen jeglichen konservatorischen Überlegungen trotzt.

Die Anordnung im Raster als formale Strategie gehört zum künstlerischen Vokabular der Minimal Art, mit der die Bechers oft in Verbindung gebracht werden. Die Sammlung von Einzelbildern wird hier durch die strikte, geometrische Präsentation im Raster bestimmt. Die Fotografien selbst erscheinen in diesem Zusammenhang als simple Bausteine einer formalen Anordnung, die in ihrer räumlichen Organisation skulpturale Formen annimmt. Sol LeWitt beschreibt in seinen »Paragraphs on Conceptual Art« von 1967 seine Methode:

»Wenn ein Künstler eine mehrfach modulare Methode braucht, wählt er meistens eine einfache und schon existierende Grundform. Diese Grundform ist von sehr begrenzter Wichtigkeit; sie

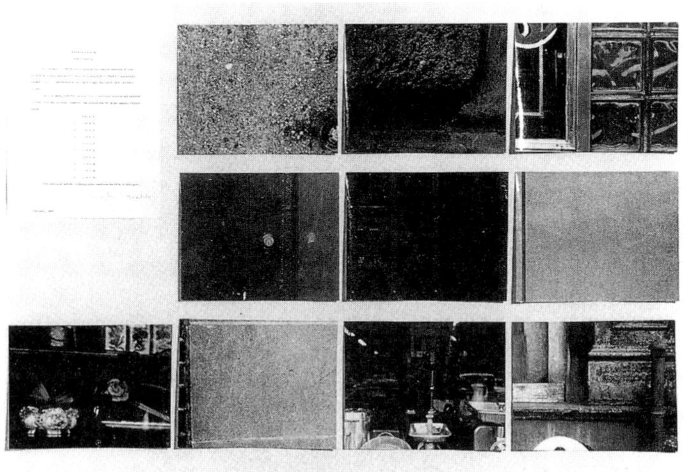

ABB. 8
Douglas Huebler: *Duration Piece No. 4*, 1969, Fotografien und Text, 70 x 100 cm

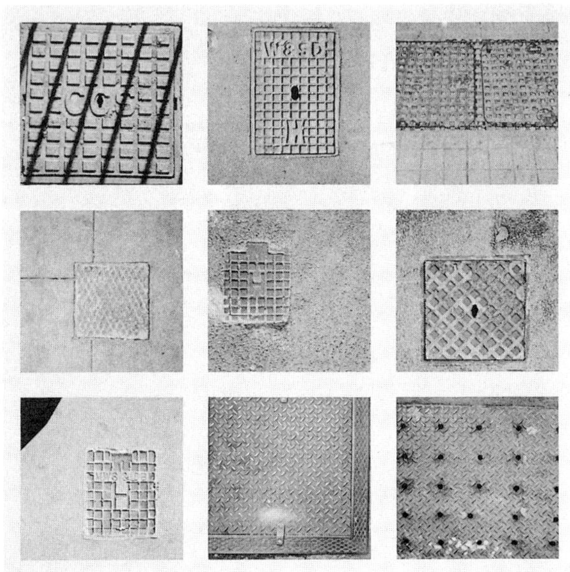

ABB. 9
Sol LeWitt: aus *PhotoGrids*, 1977, 26 x 26,5 cm

wird zur Grammatik für das ganze Werk. In der Tat ist es am besten, daß die Grundeinheit absichtlich uninteressant ist, damit sie sich eher als Bestandteil des Gesamtwerks einfügt. Eine einfache Grundform, in der Wiederholung angewandt, ... konzentriert die Intensität des Werks auf die Anordnung der Form.«[38]

Diese Methode reduziert die einzelnen Fotografien auf ihre Funktion als Modul. Ob Kanalisationsdeckel wie in Sol LeWitts Künstlerbuch *PhotoGrids* von 1977 (ABB. 9) oder Pflanzendetails, die Motive werden im Raster nur nach der Einfachheit ihrer Form bewertet. Das Interesse des Betrachters konzentriert sich weniger auf das Sujet des Einzelbildes als auf die Wirkung des übergeordneten, formalen Systems.

Die Präsentation von Blossfeldts Fotografien in Bildblöcken hat somit zur Folge, daß man die Pflanzenbilder in ihrer neuen, gleichzeitigen Überschaubarkeit miteinander vergleicht, statt wie Blossfeldts Zeitgenossen der zwanziger Jahre nach der im Einzelbild sich offenbarenden Analogie zwischen Natur und Kunst zu suchen. In der Analyse der einzelnen Pflanzenfotografien fand man damals eine direkte Übereinstimmung zwischen der vom Menschen geschaffenen Welt und der gewachsenen Natur. In Werner Lindners Publikation *Bauten der Technik* (1927) zum Beispiel werden Blossfeldts Schachtelhalme Turmbauten aus verschiedenen Epochen und Kulturen gegenübergestellt und so, unter anderem, zu »Urbildern« der modernen Wolkenkratzerarchitektur erklärt.[39] So direkt hat nicht einmal Blossfeldt selbst die »Urform der Kunst« verstanden. Diese Analogie geht in der Präsentation von Blossfeldts Abzügen im Raster verloren.

Die Arbeitscollagen werden in dieser neuen Rezeption von Blossfeldts Werk als Bestätigung eines typologischen Denkens verstanden, das Blossfeldt nur im Verlauf der Herstellung seiner Pflanzenbilder beschäftigt hat, nie aber Ziel seiner Forschungen war. Im Raster angeordnet werden Blossfeldts Pflanzenfotografien Vorbilder für eine spezifisch deutsche Tradition der fotografischen Typologie, die sich über die Bechers hinaus in den Arbeiten ihrer Schüler, unter anderem in Candida Höfers Zoologischen Gärten, Thomas Ruffs Portraits oder Thomas Struths Straßenbildern, fortsetzt. Dabei wäre August Sander die für diese Vorläuferrolle geeignetere Figur gewesen. Sander hat nach dem ersten Weltkrieg in einer bewußt modernistischen Geste sein piktorialistisches Interesse am Individuum und am handwerklich hergestellten Abzug fallenlassen, um nach einer standardisierten Methode ein Inventar seiner Zeitgenossen anzulegen.[40] Wie das Werk Eugène Atgets folgt auch Sanders Werk der Logik des Archivs. Und seine *Menschen des 20. Jahrhunderts* haben sowohl den enzyklopädischen Ansatz der Bestandsaufnahme wie auch das vergleichende Element der typologischen Studie mit dem Werk der Bechers gemeinsam.

Blossfeldts Arbeitscollagen hingegen sind, auch wenn sie hier in Buchform erscheinen, kein Endprodukt. Sein fotografisches Archiv von Pflanzenformen hat nicht Werkcharakter, sondern besteht aus Material, das auf Verwertung wartet. Wenn man eine aktuelle Parallele ziehen wollte, dann läge Gerhard Richters *Atlas* in seiner Funktion Blossfeldts Kartons wohl näher als die typologischen Tafeln der Bechers. Richter sammelt seit nun bald vierzig Jahren Fotografien, die ihm als Vorlagen für seine Gemälde dienen (ABB. 10). Wie Richters *Atlas* sind auch Blossfeldts Arbeitscollagen vergleichbar mit einem fotografischen Skizzenbuch, auf das ein Künstler im Laufe seines Lebens immer wieder zurückgreift. Und so wie Richter sein Quellenmaterial in Ausstellungen der Öffentlichkeit präsentiert, entwickeln auch Blossfeldts Arbeitscollagen für sich betrachtet ein Eigenleben. Jenseits ihrer Bedeutung für die historische Forschung bieten sie allein in der schieren Fülle des Materials und der fast obsessiven Wiederholung der Motive ein faszinierendes, visuelles Erlebnis.

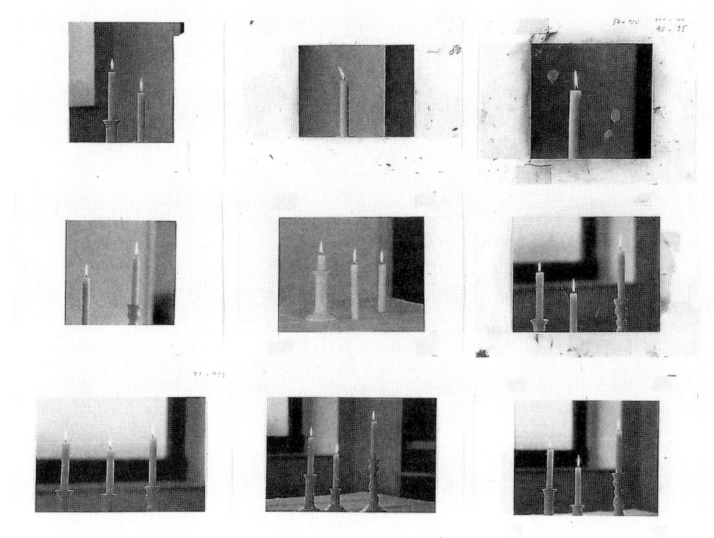

ABB. 10
Gerhard Richter: *Kerzen* 1982, *Atlas* Nr. 398/396, 51,7 x 66,7 cm

ANMERKUNGEN

1 Sie befinden sich im Karl Blossfeldt Archiv, Ann und Jürgen Wilde, Zülpich.

2 Anne Ganteführer-Trier hat sich bisher als einzige mit dem Material auseinandergesetzt und dabei noch keine endgültige Bestimmung der Funktion von Blossfeldts Kontaktbögen vornehmen können. Vgl. Anne Ganteführer-Trier, »Der Künstler als Archivar. Zu den Arbeitscollagen von Karl Blossfeldt«, in *Konstruktionen von Natur*, Akademie der Künste Berlin und Verlag der Kunst, 2000 (bei Redaktionsschluß noch nicht erschienen).

3 Die Unterrichtsanstalt wurde 1924 in »Vereinigte Staatsschulen für freie und angewandte Kunst« umbenannt und ist heute Teil der Hochschule der Künste Berlin.

4 Paul Wedepohl, Einführung, *Karl Blossfeldt 1865–1932. Pflanzenfotografien*, Berlin: Galerie Taube, 1984.

5 Bruno Paul, Antrag betr. eine Versetzung des Bildhauers Blossfeldt und des Malers Busch in ein anderes Institut, 26. März 1912, Acta Ula (Jan. 1913–Sept. 1918), Hochschule der Künste Berlin.

6 Paul Wedepohl, Einführung, *Karl Blossfeldt 1865–1932. Pflanzenfotografien*, Berlin: Galerie Taube, 1984.

7 Karl Blossfeldt, unveröff. Aufsatz, 1929, Karl Blossfeldt Archiv, Ann und Jürgen Wilde, Zülpich.

8 Karl Blossfeldt, Brief an die Direktion der Unterrichtsanstalt des Königl. Kunstgewerbemuseums, 11. April 1906, Acta Ula, vol. 4, Hochschule der Künste Berlin.

9 Die Schule kaufte dreißig Abzüge (24 x 30 cm) zu je 20 Mark. Acta Lehrmittel und Bibliothek, Acta UIIa, vol. 10, Aug. 1918–1927, Hochschule der Künste Berlin.

10 Sörrensen, Notiz an Karl Blossfeldt, 11. April 1927, Acta VS VIIIsp.1, vol. 1, Hochschule der Künste Berlin.

11 Acta UIV, vol. 1, Jan. 1900–Jan. 1927, Betr.: Gelegentliche Ausstellungsveranstaltungen, Hochschule der Künste Berlin.

12 Anne Ganteführer-Trier, »Der Künstler als Archivar. Zu den Arbeitscollagen von Karl Blossfeldt«, in *Konstruktionen von Natur*, Akademie der Künste Berlin und Verlag der Kunst, 2000.

13 Moritz Meurer, *Catalog der Plastischen Pflanzenformen. Eine Sammlung von Modellen nach der Natur in Relief- und Rundformen zum Gebrauche an technischen Kunstschulen*, Dresden: Kühtmann, o.D.

14 Moritz Meurer, *Vergleichende Formenlehre des Ornamentes und der Pflanze. Mit besonderer Berücksichtigung der architektonischen Kunstformen*, Dresden: Kühtmann, 1909.

15 Stanislav Kubicki und Friedrich Wilhelm Seiwert, »Urformen der Kunst«, in *a-z. Organ der Gruppe Progressiver Künstler*, Köln, 3.12.1929.

16 Georges Bataille, »Le langage des fleurs«, in: *Documents* Jg. 1, Nr. 3, 1929, S. 160–68.

17 Ein Beispiel für die Manipulation eines Pflanzenpräparates findet sich auf Tafel 6, Pflanze 227, wo Blossfeldt offensichtlich mit verschiedenen Erscheinungen der Pflanze experimentierte.

18 Angela Lammert hat dies am Beispiel eines unretuschierten Abzugs in der Sammlung der Hochschule der Künste Berlin festgestellt. Vgl.: *Karl Blossfeldt. Licht an der Grenze des Sichtbaren. Die Sammlung der Blossfeldt-Fotografien in der Hochschule der Künste Berlin*, Akademie der Künste Berlin und Schirmer/Mosel, München 1999, S. 17.

19 Wie uns die Kontaktabzüge lehren, gehört diese Ästhetik einzig den Reproduktionsvorlagen sowie den Ausstellungsabzügen, die sich im Karl Blossfeldt Archiv, Ann und Jürgen Wilde, Zülpich, befinden. Einige Abzüge im Karl Blossfeldt Archiv sowie die Abzüge aus der Sammlung der Hochschule der Künste Berlin, die 1999 in einer Ausstellung der Akademie der Künste gezeigt wurden, weisen eine andere Ästhetik auf. Sie zeigen ein Zwischenstadium zwischen den Kontaktabzügen und dem veröffentlichten Werk: Abzüge, die zu Unterrichtszwecken gebraucht wurden. Hier findet man Unschärfen, Entwicklungsfehler, Staubpartikel, Löcher von Reißzwecken, die dem Heften an die Wand dienten, Verschleißspuren an den Ecken und handschriftliche Notizen auf der Vorderseite des Abzugs. Auch diese hätte Blossfeldt wohl so nicht veröffentlicht. Vgl. *Karl Blossfeldt. Licht an der Grenze des Sichtbaren. Die Sammlung der Blossfeldt-Fotografien in der Hochschule der Künste Berlin*, Akademie der Künste Berlin und Schirmer/Mosel, München 1999.

20 Vgl. hierzu die Konkordanzlisten im Anhang dieses Buches.

21 Eine Datierung der Nega-

tive oder der Abzüge ist nur rückwirkend anhand der Veröffentlichung der einzelnen Motive in Meurers Schriften um die Jahrhundertwende und in Blossfeldts Büchern und in den Zeitschriften der Zwischenkriegszeit möglich. Blossfeldt hat seine Fotografien nie datiert.

22 Möglicherweise hat Blossfeldt tatsächlich in einigen Fällen Mühe gehabt, das einem bestimmten Motiv entsprechende Negativ wiederzufinden. Dies könnte der Grund dafür sein, daß er einige seiner Abzüge ein weiteres Mal fotografiert hat, was am stark vergrößerten Korn bestimmter Abzüge aus der Sammlung der Hochschule der Künste Berlin ersichtlich ist. Vgl. *Karl Blossfeldt. Licht an der Grenze des Sichtbaren. Die Sammlung der Blossfeldt-Fotografien in der Hochschule der Künste Berlin*, Akademie der Künste Berlin und Schirmer/Mosel, München 1999.

23 *Minotaure*, Nr. 1, 1. Juni 1933, Genf: Skira, 1933. Und *Les Sculptures de Picasso*, mit einem Text von Daniel-Henry Kahnweiler und Fotografien von Brassaï, Paris: Editions du Chêne, 1949.

24 Vgl. Anne Baldassari, »Une théorie de la lumière«, in *Brassaï/Picasso. Conversations avec la lumière*, Paris: Musée Picasso, 2000, S. 182.

25 *August Kotzsch 1836–1910. Pionier der deutschen Photographie.* Graphische Sammlung Staatsgalerie Stuttgart und Edition Cantz, 1992, S. 23–35.

26 Vgl. Molly Nesbit, *Atget's Seven Albums*, New Haven: Yale University Press, 1992.

27 Maria Morris Hambourg, *Eugène Atget, 1857–1927: The Structure of the Work*, Ph.D. Diss., Columbia University, 1980.

28 Rosalind Krauss, »Die diskursiven Räume der Photographie« (1982), in: *Das Photographische. Eine Theorie der Abstände*, übers. von Henning Schmidgen, München: Wilhelm Fink Verlag, 1998, S. 57. Vgl. auch: Abigail Solomon-Godeau, »Cannon Fodder: Authoring Eugène Atget«, in: *Photography at the Dock. Essays on Photographic History, Institutions, and Practices*, Minneapolis: University of Minnesota Press, 1991, S. 28–51.

29 Michel Foucault, *Die Ordnung der Dinge. Eine Archäologie der Humanwissenschaften*, aus dem Frz. von Ulrich Köppen, Frankfurt am Main: Suhrkamp, 1999, S.172.

30 Monika Steinhauser, »Traditionslinien. Zu Bernd und Hilla Bechers Industriephotographie», in *Bernd und Hilla Becher. Industriephotographie*, Düsseldorf: Richter Verlag, 1994, S.13.

31 Johann Wolfgang von Goethe, »Italienische Reise«, in: *Autobiographische Schriften Bd. III*, München: Verlag C.H. Beck, 1981, S. 60. Und Brief an Frau v. Stein, 9. Juni 1787.

32 Vgl. Heidrun Laudel, »Die Idee einer Typen- und Kunstformenlehre. Grundformen und Grundideen«, in: *Gottfried Semper. Architektur und Stil*, Dresden: Verlag der Kunst, 1991.

33 Karl Blossfeldt, unveröff. Aufsatz, 1929, Karl Blossfeldt Archiv, Ann und Jürgen Wilde, Zülpich.

34 Karl Blossfeldt, unveröff. Aufsatz, 1929, Karl Blossfeldt Archiv, Ann und Jürgen Wilde, Zülpich.

35 Vgl. meinen Artikel »Natur im Raster: Blossfeldt-Rezeption heute«, in: *Konstruktionen von Natur*, Akademie der Künste Berlin und Verlag der Kunst, 2000.

36 Zum Beispiel bei James Lingwood: »Karl Blossfeldts große Auswahl an Pflanzenvergrößerungen stellen die nächste formale Parallele zum Projekt der Bechers dar.« In *Typologies. Nine Contemporary Photographers*, Newport: Harbour Art Museums, 1991, S. 92 (Übersetzung der Autorin).

37 August Sander, Karl Blossfeldt, Albert Renger-Patzsch, Bernd und Hilla Becher: *Vergleichende Konzeptionen*, Photographische Sammlung/SK Stiftung Kultur, Köln, und Schirmer/Mosel, München 1997.

38 Sol LeWitt, »Paragraphs on Conceptual Art« (1967), in: Charles Harrison und Paul Wood, *Art in Theory 1900–1990. An Anthology of Changing Ideas*, Oxford: Blackwell Publishers, 1992, S. 835 (Übersetzung der Autorin).

39 Werner Lindner, *Bauten der Technik. Ihre Form und Wirkung. Werkanlagen*, Berlin: Wasmuth Verlag, 1927.

40 Vgl. Allan Sekula, »The Body and the Archive«, in: *The Contest of Meaning. Critical Histories of Photography*, Hg. Richard Bolton, Cambridge, Mass.: MIT Press, 1989, S. 375.

LITERATURVERZEICHNIS

August Sander, Karl Blossfeldt, Albert Renger-Patzsch, Bernd und Hilla Becher: Vergleichende Konzeptionen, Photographische Sammlung/SK Stiftung Kultur, Köln, und Schirmer/Mosel, München 1997

Baldassari, Anne, Hg., *Brassaï/Picasso. Conversations avec la lumière*, Paris: Musée Picasso, 2000

Bataille, Georges, »Le langage des fleurs«, in: *Documents* Jg. 1, Nr. 3, 1929, S. 160–68

Foucault, Michel, *Die Ordnung der Dinge. Eine Archäologie der Humanwissenschaften*, aus dem Frz. von Ulrich Köppen, Frankfurt am Main: Suhrkamp, 1999

Gantefführer-Trier, Anne, »Das photographische Œuvre von Karl Blossfeldt und seine Umsetzung in Lehre und Kunst«, in: *Wallraf-Richartz-Jahrbuch* LIX,1998, S. 259–79

Gantefführer-Trier, Anne, »Der Künstler als Archivar. Zu den Arbeitscollagen von Karl Blossfeldt«, in: *Konstruktionen von Natur*, Akademie der Künste Berlin und Verlag der Kunst, 2000

Gauss, Ulrike, Hg., *August Kotzsch 1836–1910. Pionier der deutschen Photographie.* Graphische Sammlung Staatsgalerie Stuttgart und Cantz, Stuttgart 1992

Goethe, Johann Wolfgang von, »Italienische Reise«, in: *Autobiographische Schriften Bd. III*, München: Verlag C.H. Beck, 1981

Hapkemeyer, Andreas, und Peter Weiermair, *fototexttextfoto. Synthese von Fotografie und Text in der Gegenwartskunst*, MUSEION – Museum für Moderne Kunst, Bozen, und Edition Stemmle, Kilchberg/Zürich, 1996

Karl Blossfeldt 1865–1932. Pflanzenfotografien, Berlin: Galerie Taube, 1984

Karl Blossfeldt 1865–1932: Urformen der Kunst, Wundergarten der Natur. Das fotografische Werk in einem Band, mit einem Text von Gert Mattenklott, botanische Bearbeitung von Harald Kilias, München: Schirmer/Mosel, 1981 und 1994

Krauss, Rosalind E., »Grids« (1978), in: *The Originality of the Avant-Garde and Other Modernist Myths*, Cambridge, Mass.: MIT Press, 1985, S. 9–22

Krauss, Rosalind E., »Photography's Discursive Spaces« (1982) in: *The Originality of the Avant-Garde and Other Modernist Myths*, Cambridge, Mass.: MIT Press, 1985, S. 131–150, dt.: »Die diskursiven Räume der Photographie«, in: *Das Photographische. Eine Theorie der Abstände*, München: Wilhelm Fink Verlag, 1998, S. 40–58

Kubicki, Stanislav, und Friedrich Wilhelm Seiwert, »Urformen der Kunst«, in: *a-z. Organ der Gruppe Progressiver Künstler*, Köln, 3.12.1929

Lammert, Angela, Hg., *Karl Blossfeldt. Licht an der Grenze des Sichtbaren. Die Sammlung der Blossfeldt-Fotografien in der Hochschule der Künste Berlin*, Akademie der Künste Berlin und Schirmer/Mosel, München 1999

Laudel, Heidrun, »Die Idee einer Typen- und Kunstformenlehre. Grundformen und Grundideen«, in: *Gottfried Semper. Architektur und Stil*, Dresden: Verlag der Kunst, 1991

LeWitt, Sol, *PhotoGrids*, New York: Paul David Press/Rizzoli, 1977

LeWitt, Sol, »Paragraphs on Conceptual Art«, in: *Artforum*, Vol. 5, Nr. 10, Sommer 1967, S. 79–83

Lindner, Werner, *Bauten der Technik. Ihre Form und Wirkung. Werkanlagen*, Berlin: Wasmuth Verlag, 1927

Lingwood, James, »Working the System«, in: *Typologies. Nine Contemporary Photographers*, Hg. Marc Freidus, Newport: Harbour Art Museums und Rizzoli, New York, 1991

Meurer, Moritz, *Die Ursprungsformen des griechischen Akanthus-Ornaments und ihre natürlichen Vorbilder*, Berlin: Reimer Verlag, 1896

Meurer, Moritz, *Catalog der Plastischen Pflanzenformen. Eine Sammlung von Modellen nach der Natur in Relief- und Rundformen zum Gebrauche an technischen Kunstschulen*, Dresden: Kühtmann, o.D.

Meurer, Moritz, *Vergleichende Formenlehre des Ornamentes und der Pflanze. Mit besonderer Berücksichtigung der architektonischen Kunstformen*, Dresden: Kühtmann, 1909

Meyer Stump, Ulrike, »Natur im Raster: Blossfeldt-Rezeption heute«, in: *Konstruktionen von Natur*, Akademie der Künste Berlin und Verlag der Kunst, 2000

Moeglin-Delcroix, Anne, *Esthétique du livre d'artiste* 1960/1980, Paris: Bibliothèque Nationale und Editions Jean Michel Place, 1997

Morris Hambourg, Maria, *Eugène Atget, 1857–1927: The Structure of the Work*, Ph.D. Diss., Columbia University, 1980

Nesbit, Molly, *Atget's Seven Albums*, New Haven: Yale University Press, 1992

Solomon-Godeau, Abigail, »Cannon Fodder: Authoring Eugène Atget«, in: *Photography at the Dock. Essays on Photographic History, Institutions, and Practices*, Minneapolis: University of Minnesota Press, 1991, S. 28–51

Sekula, Allan, »The Body and the Archive«, in: *The Contest of Meaning. Critical Histories of Photography*, Hg. Richard Bolton, Cambridge, Mass.: MIT Press, 1989

Steinhauser, Monika, Hg., Bernd und Hilla Becher. *Industriephotographie. Im Spiegel der Tradition*, Düsseldorf: Richter Verlag, 1994

Wilde, Ann und Jürgen, Hg., *Karl Blossfeldt. Fotografie*, Kunstmuseum Bonn und Cantz, Stuttgart 1994

TAFEL 1 Winter-Schachtelhalme I

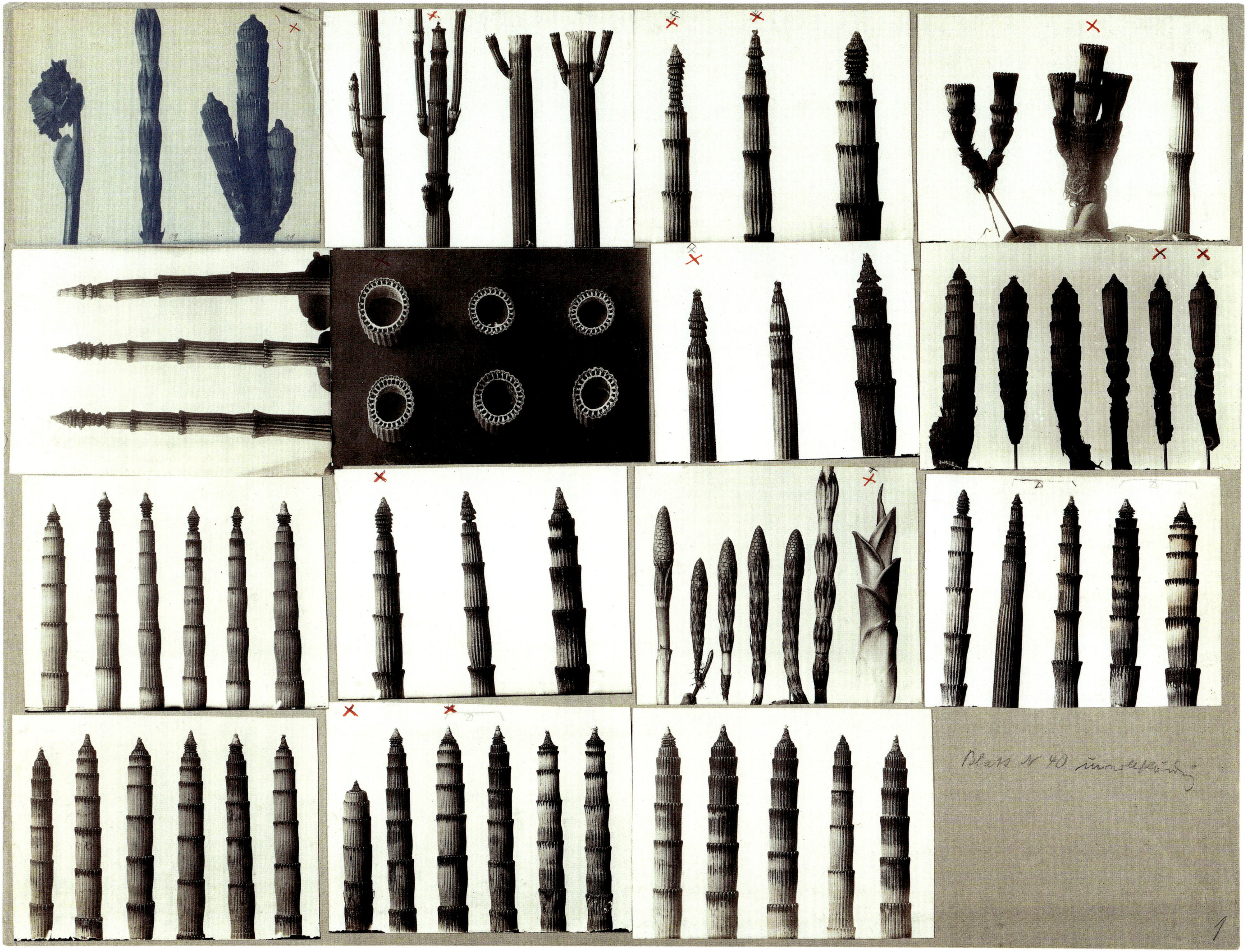
Blatt N 40 unvollständig
1

TAFEL 2 Winter-Schachtelhalme II

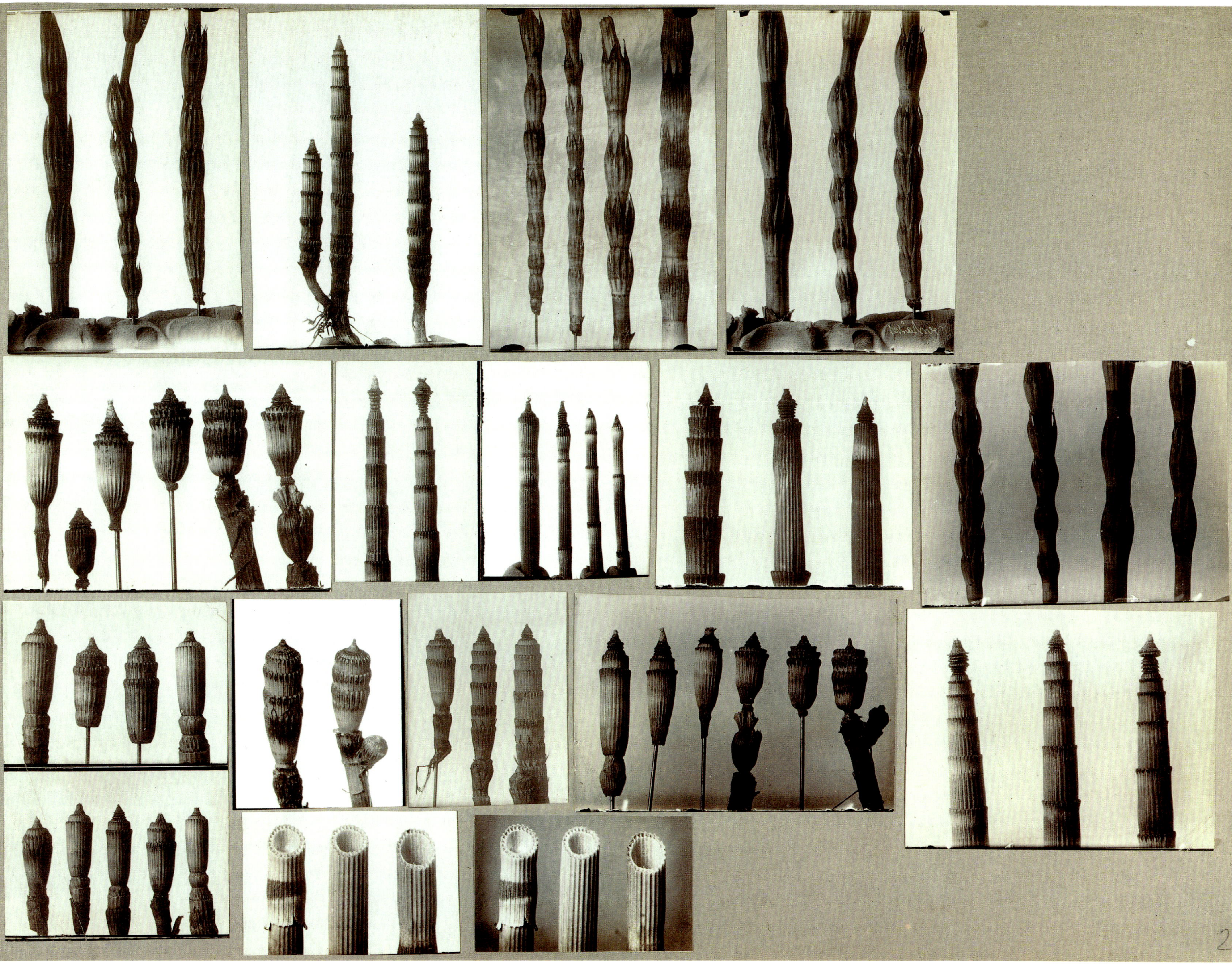

TAFEL 3 Winter-Schachtelhalme III

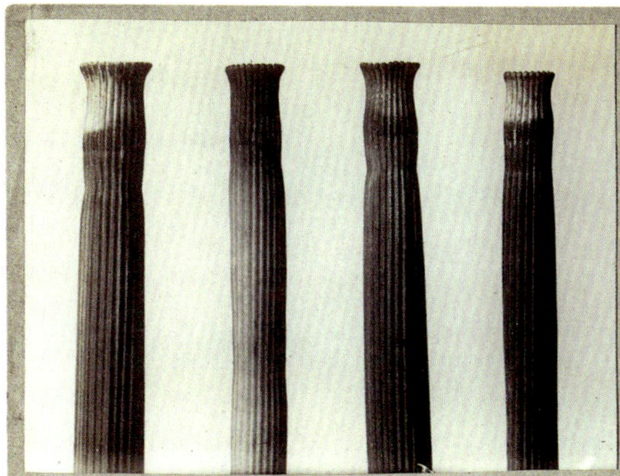
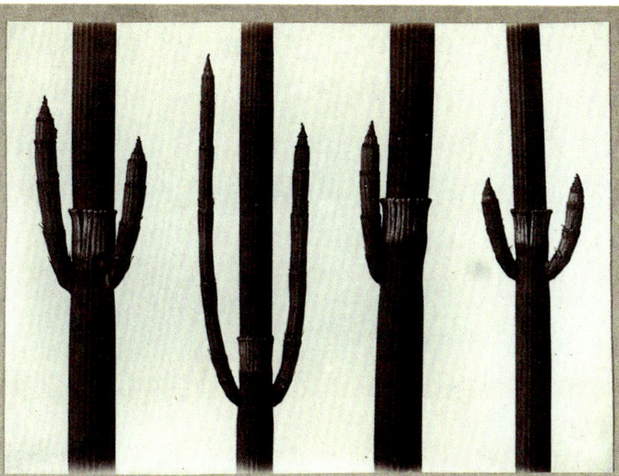
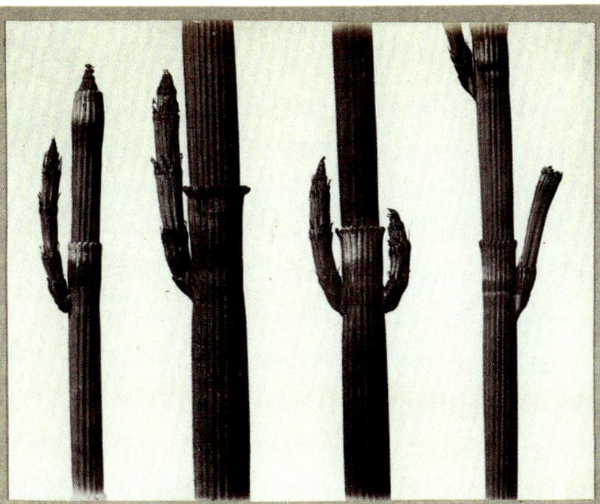
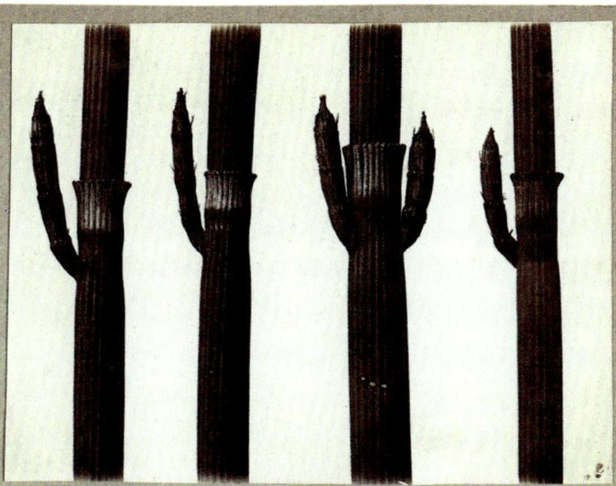
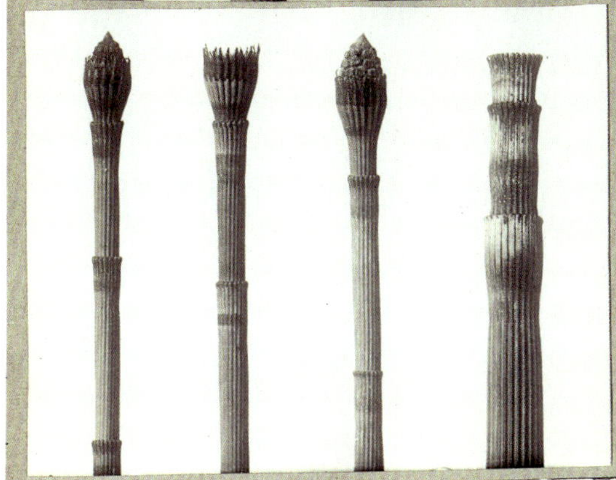
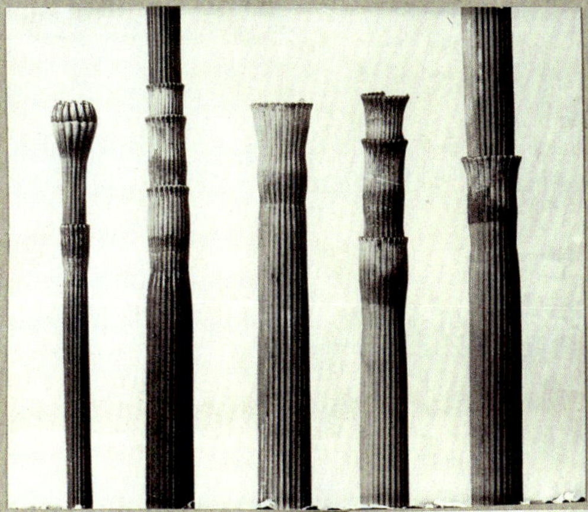
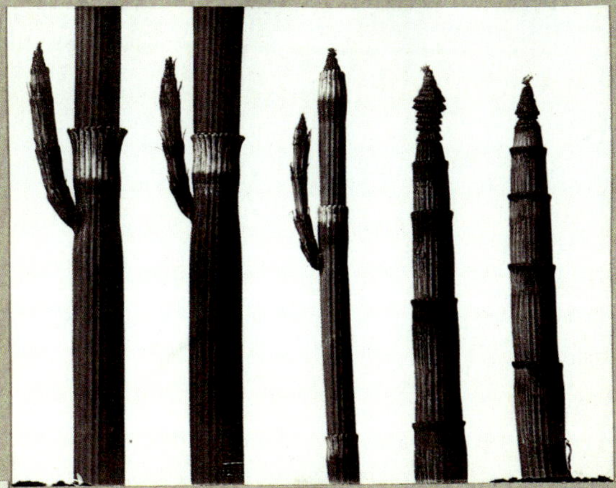
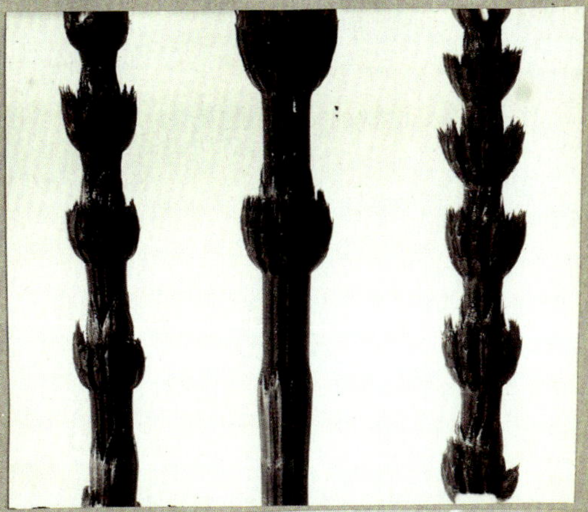
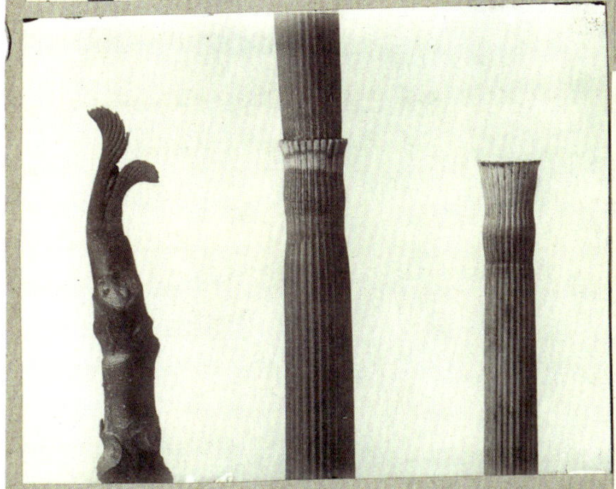
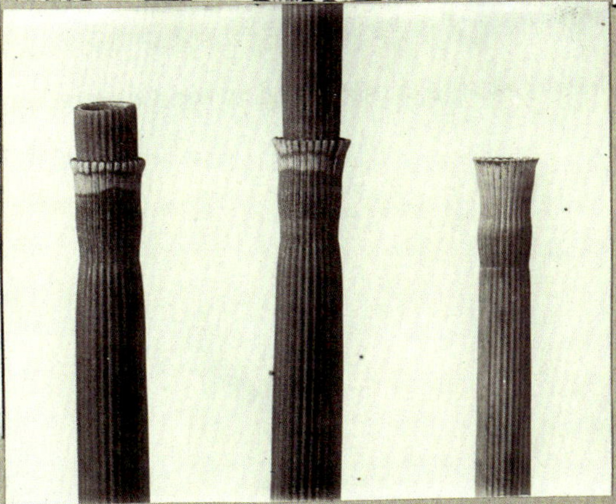
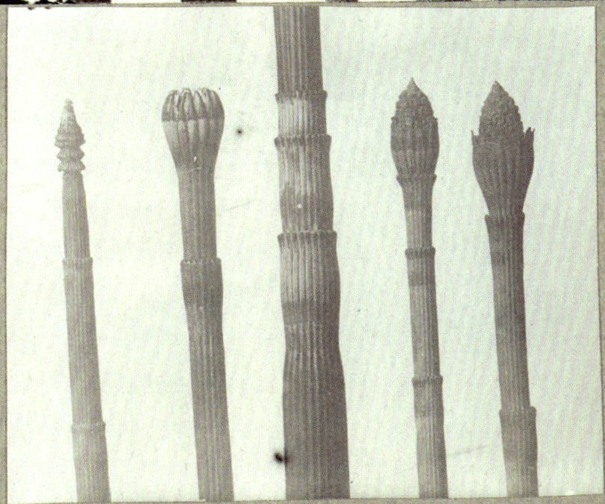
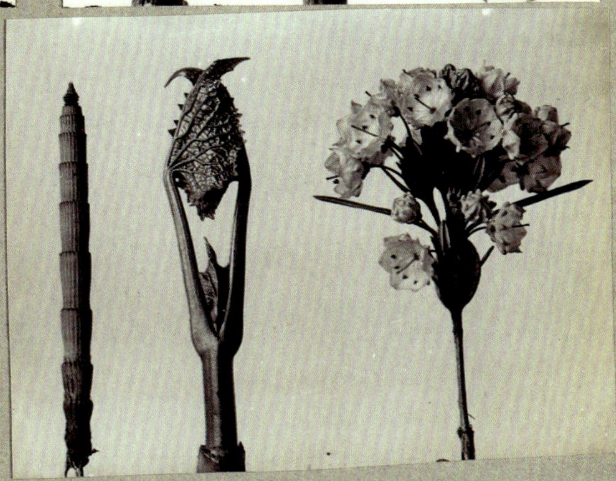
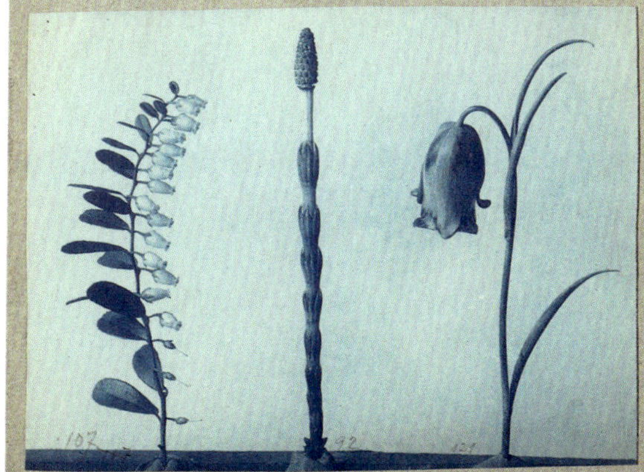
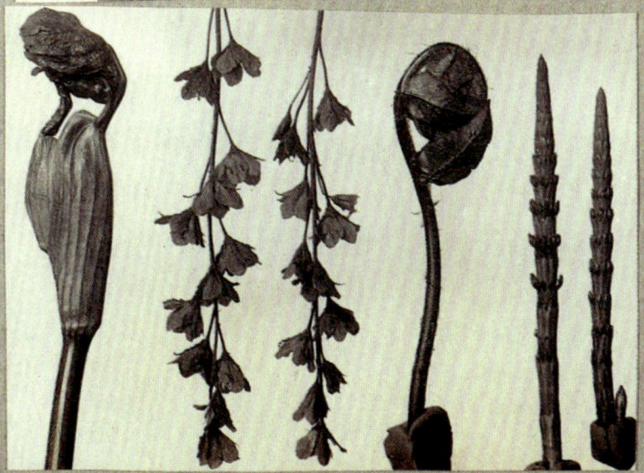

TAFEL 4 Schachtelhalme und junge Nadelhölzer

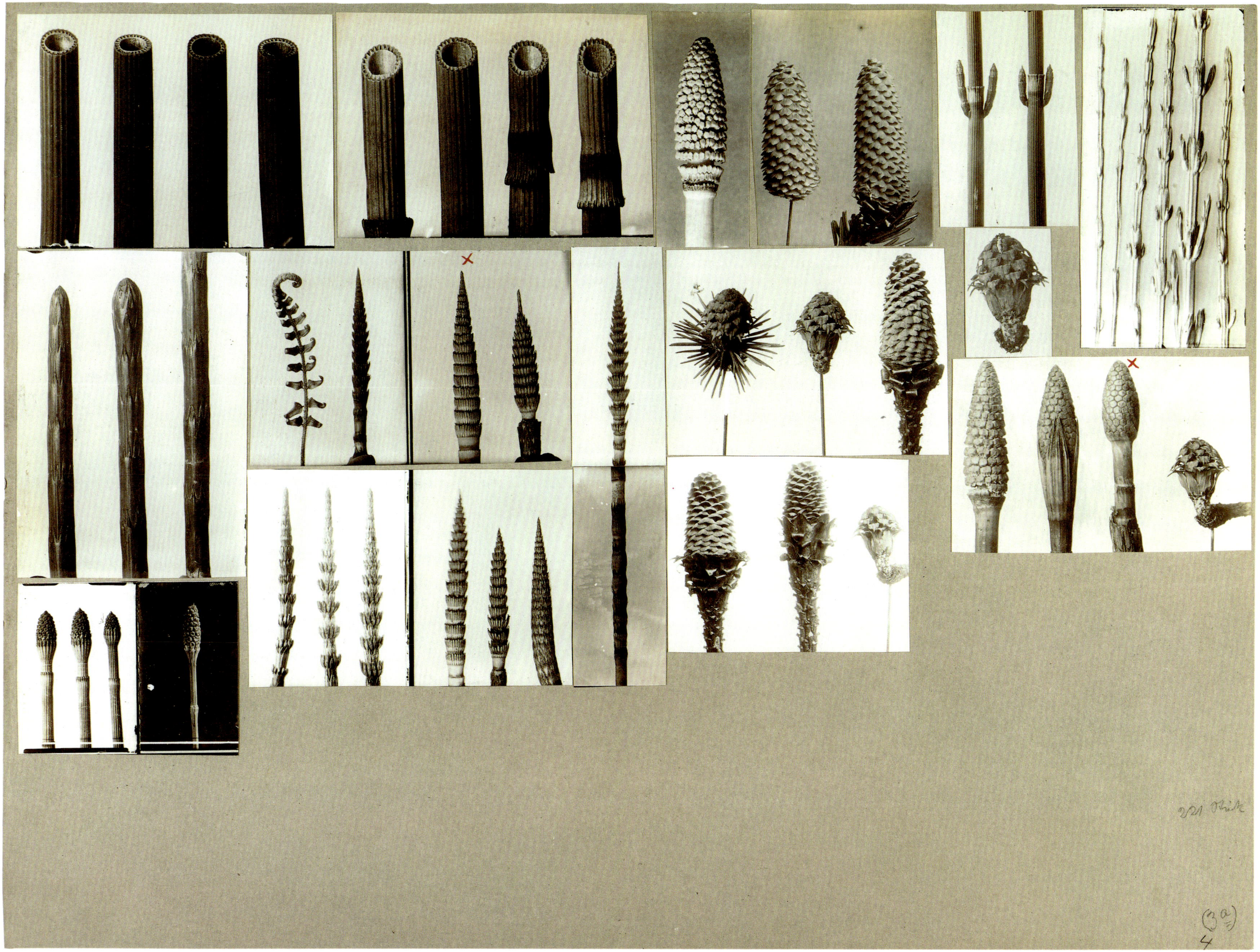
221 Stück
(3a)
4

TAFEL 5 Rittersporn

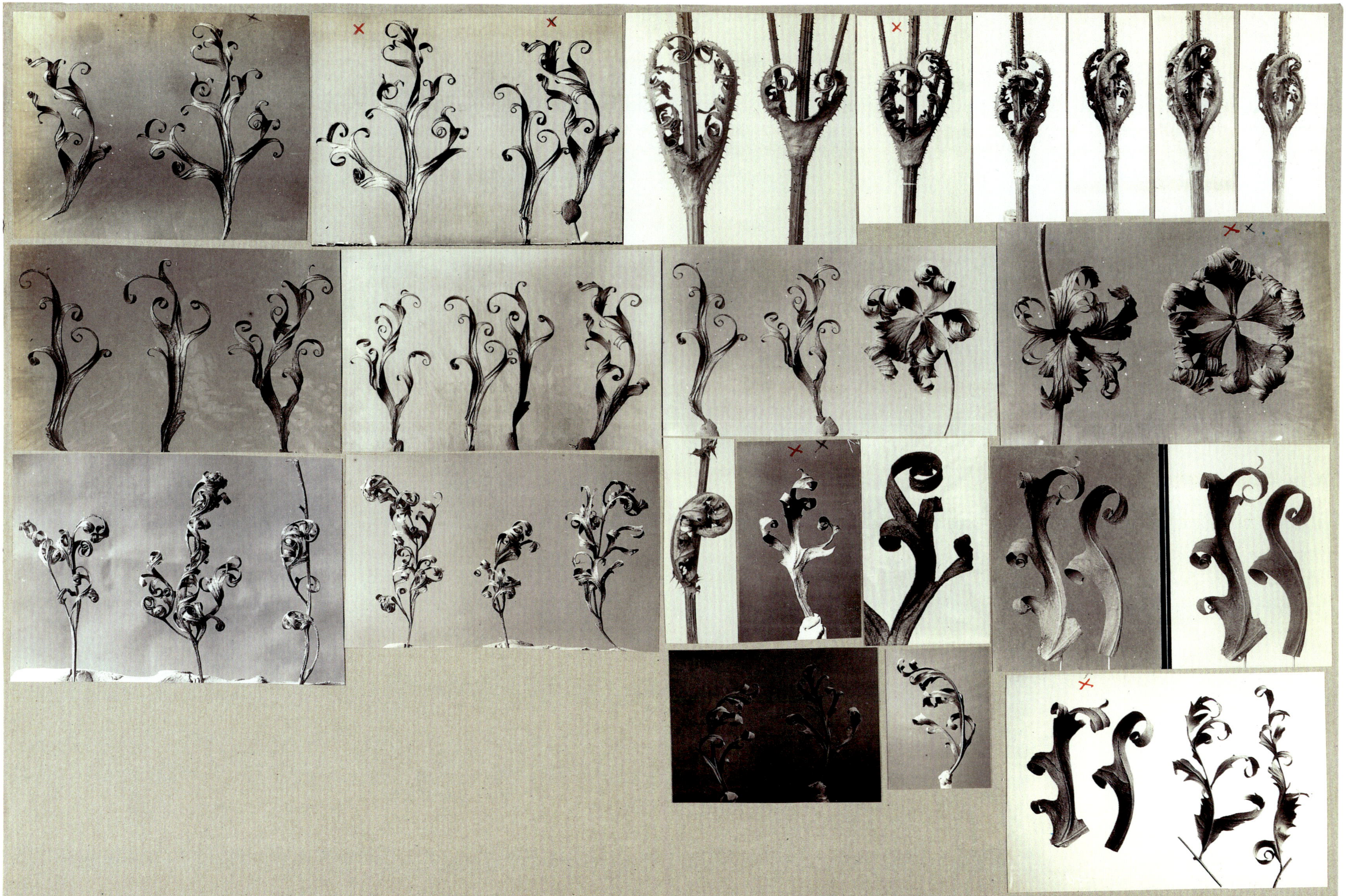

TAFEL 6 Schwarzwurz und Tüpfelfarn

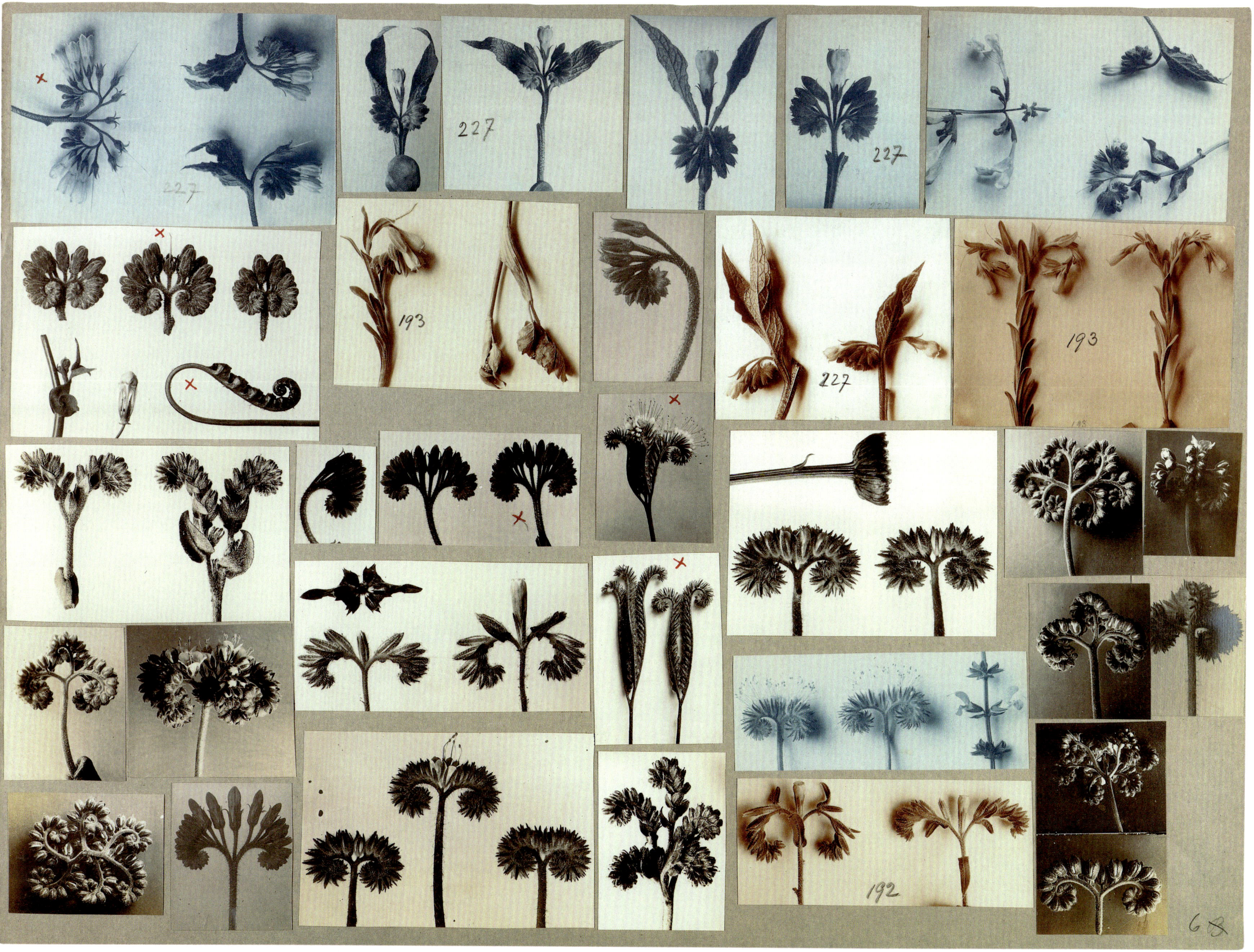
227
227
227
193
227
193
192
68

TAFEL 7 Lebensbaum

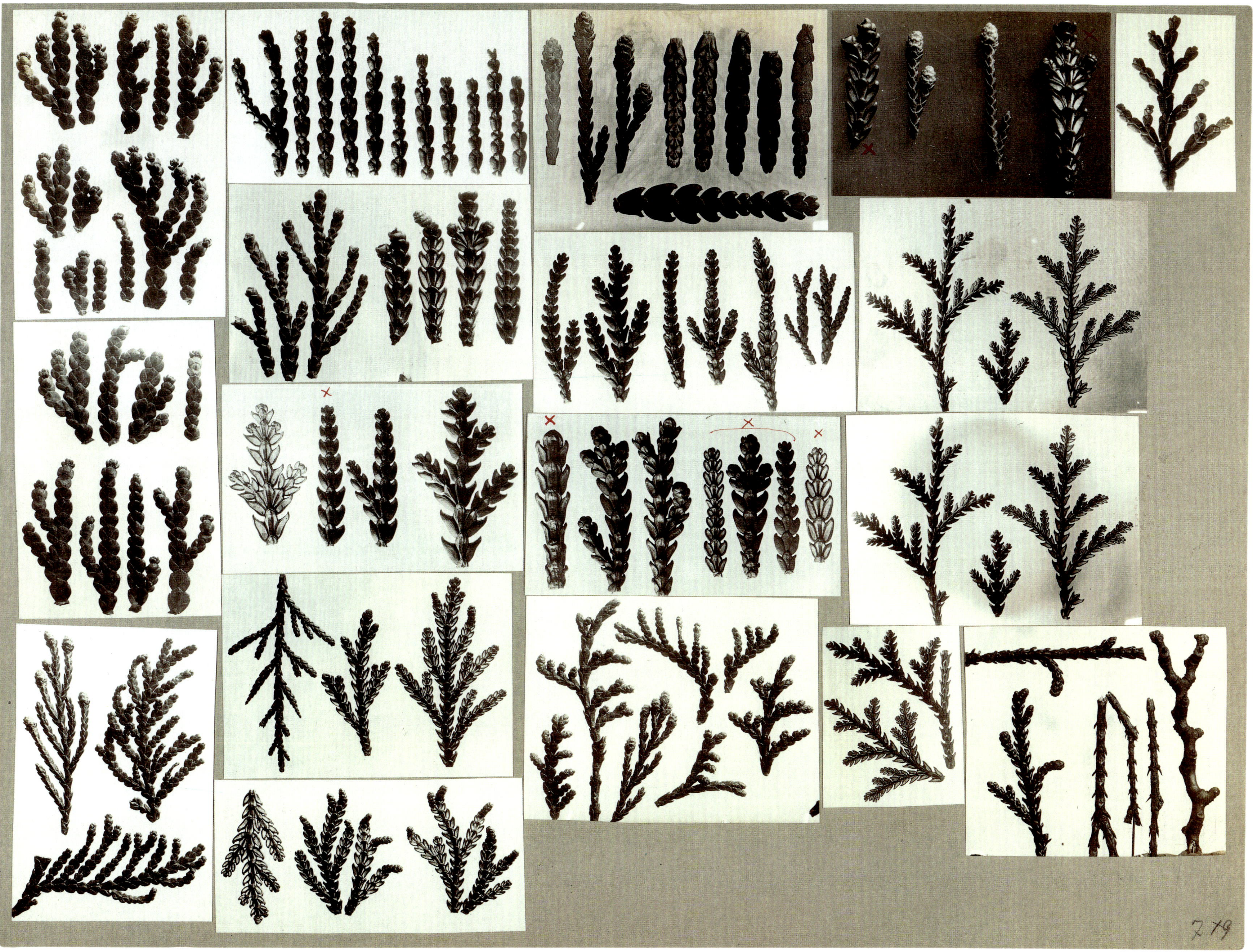

7 X 9

TAFEL 8 Lebensbaum und Heidekrautgewächse

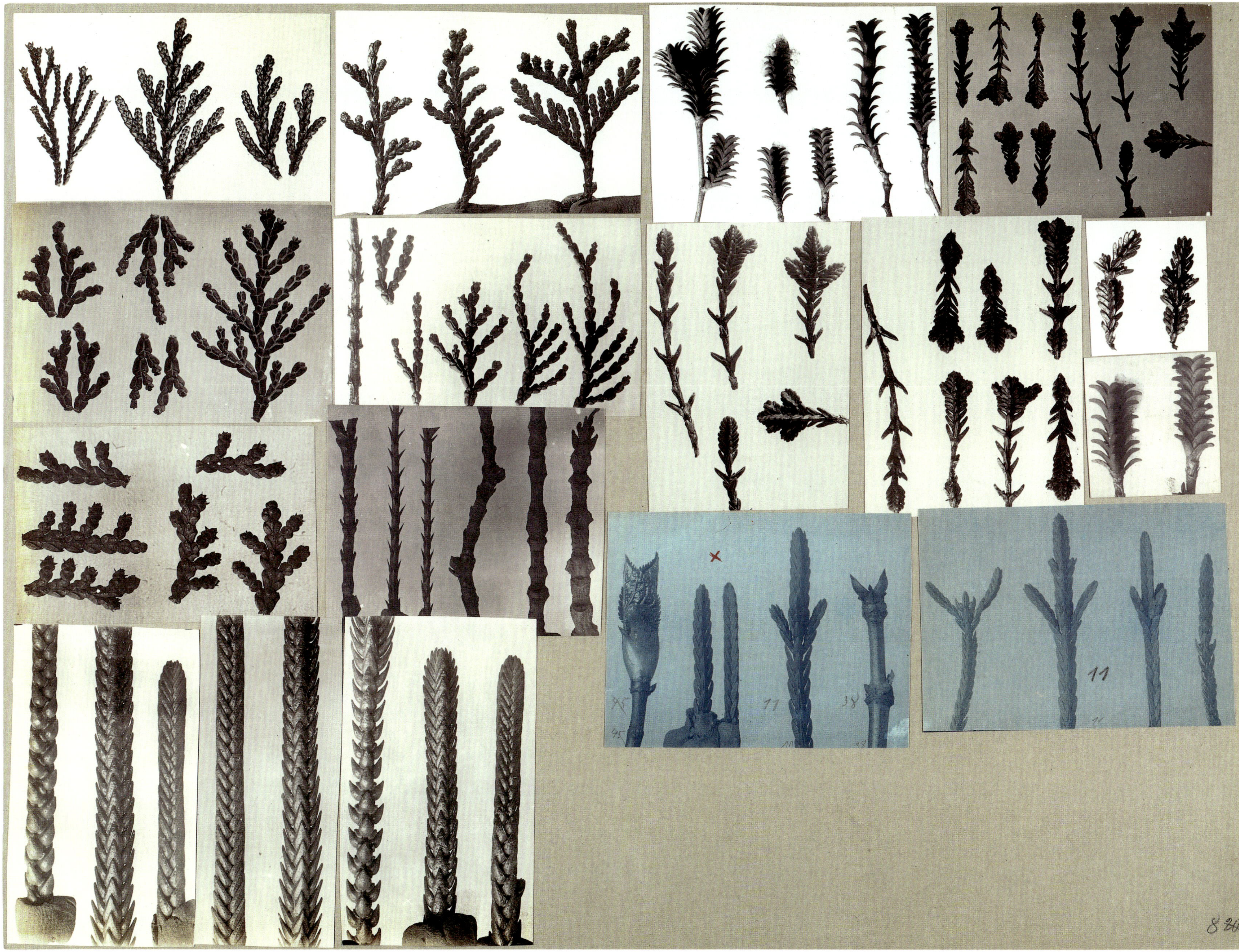

8 20

TAFEL 9 Blütendolden und Spinnenkopf

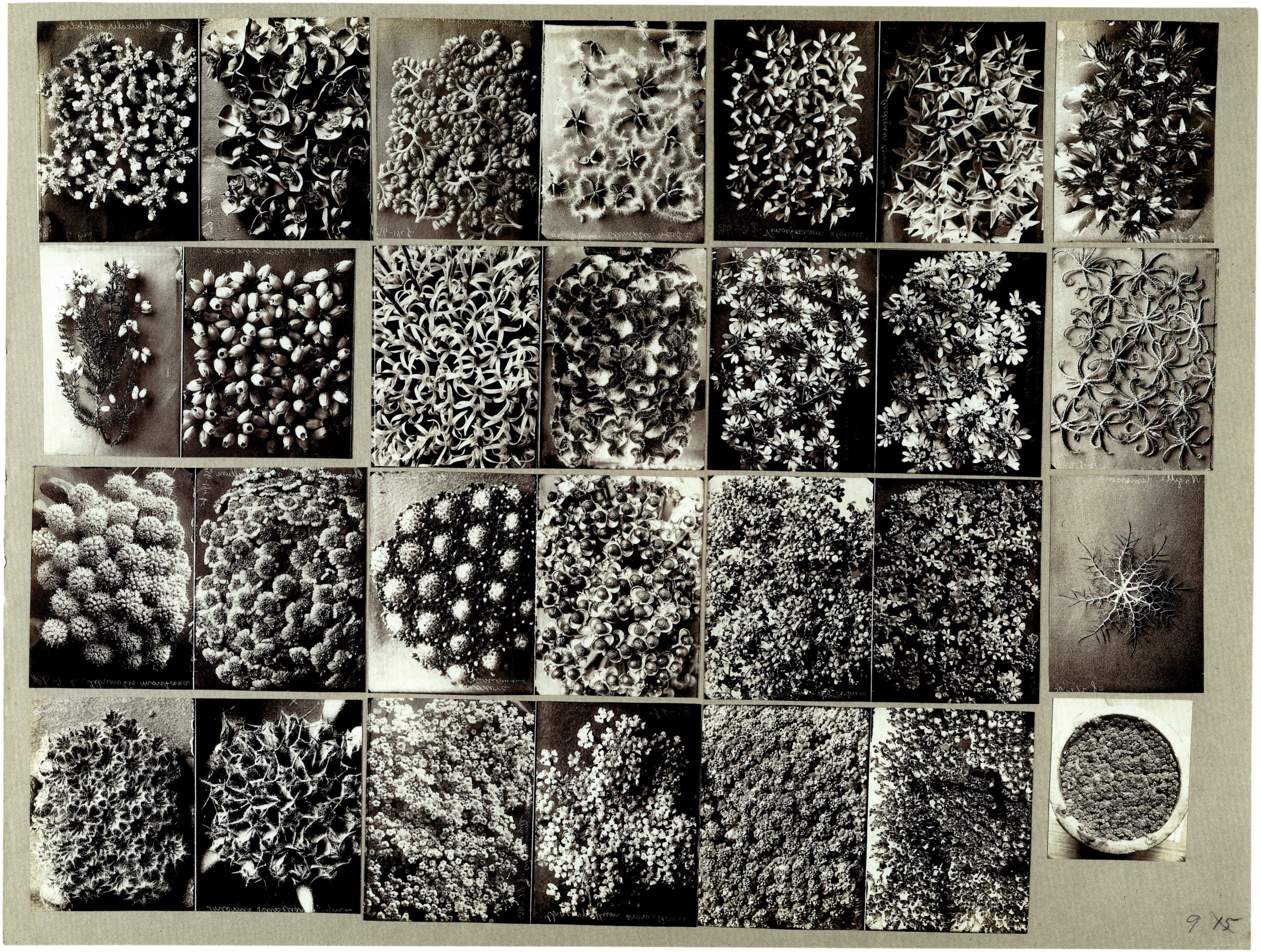
9 X5

TAFEL 10 Blütendolden I

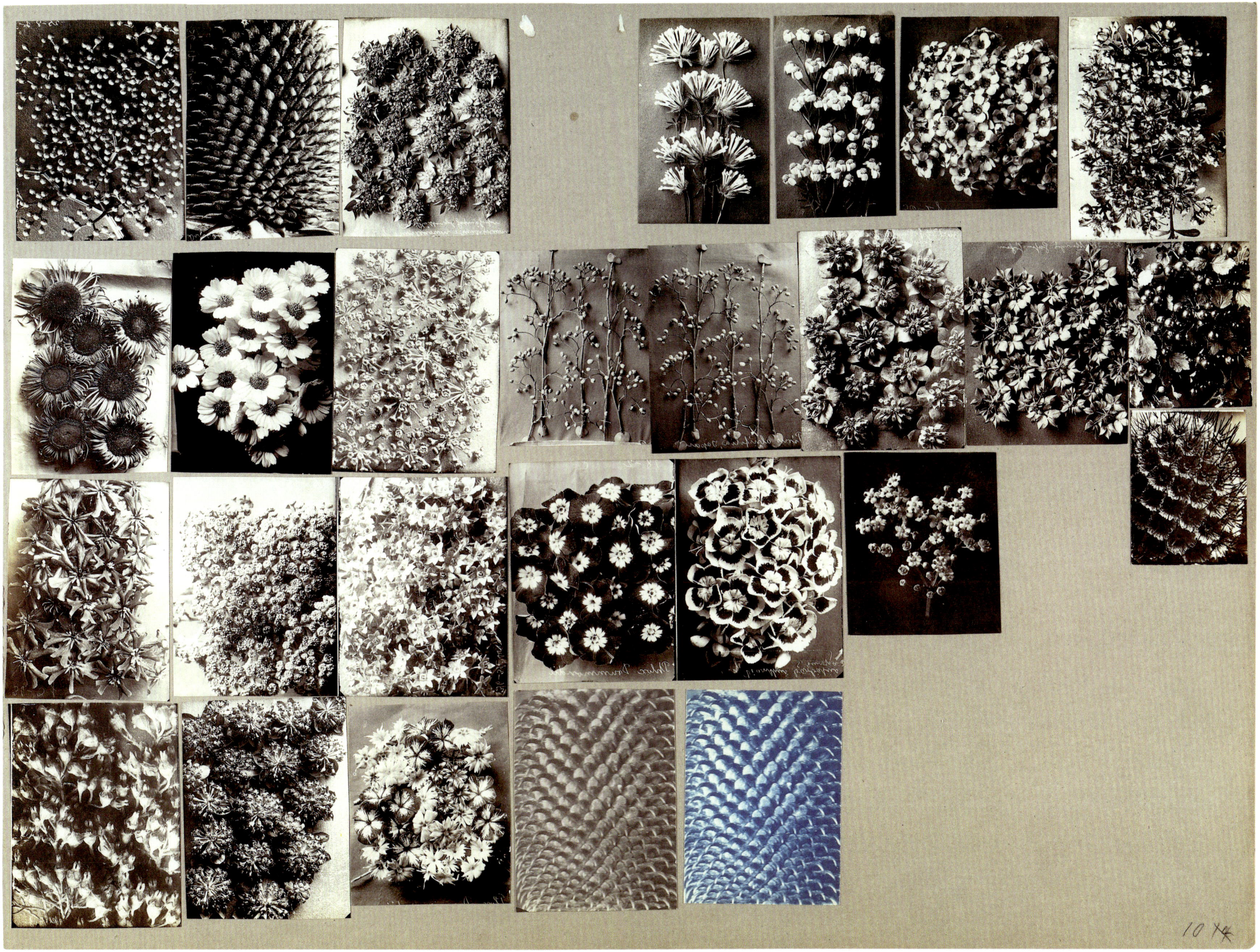

TAFEL 11 Blütendolden II

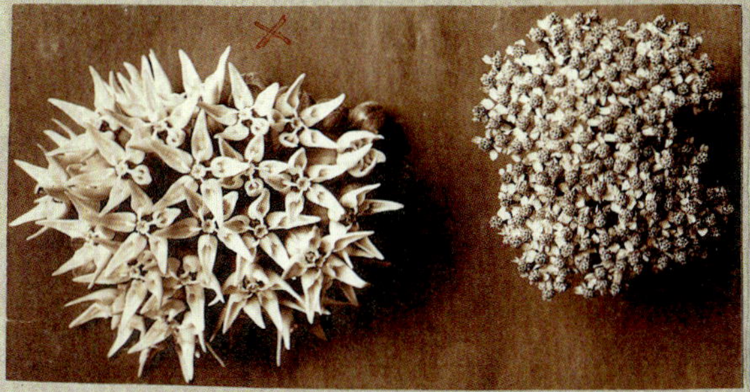
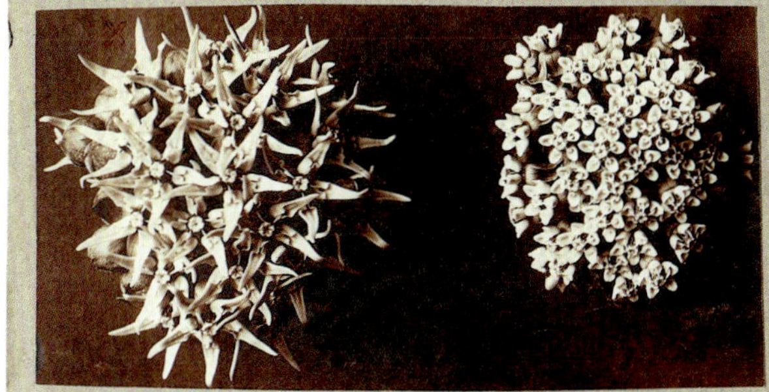
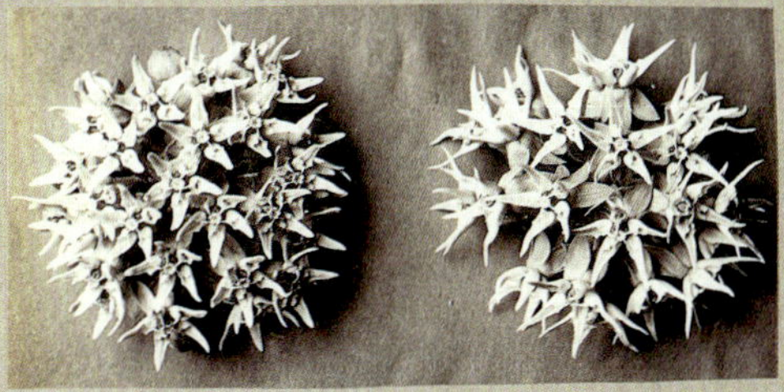
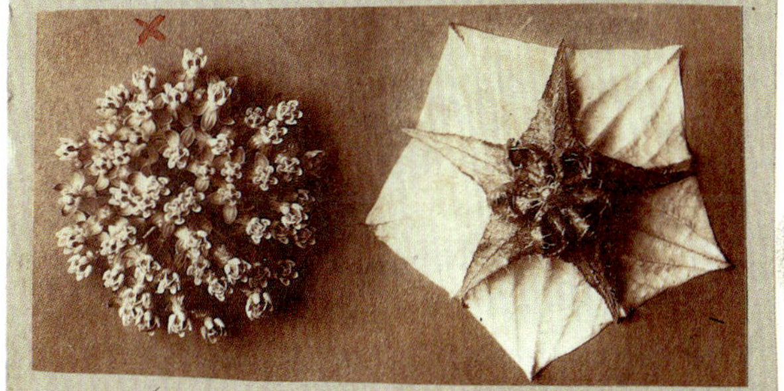
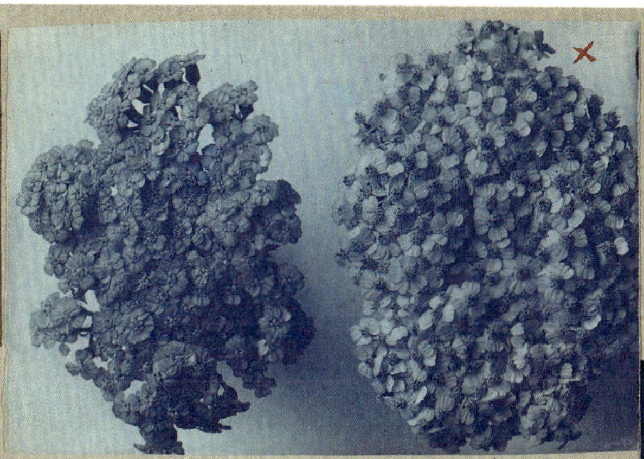
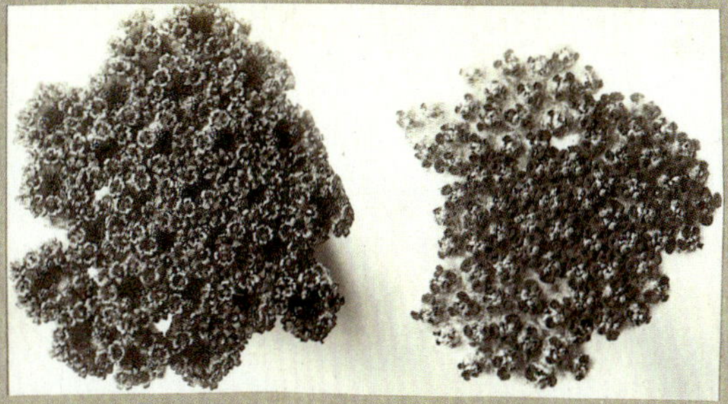
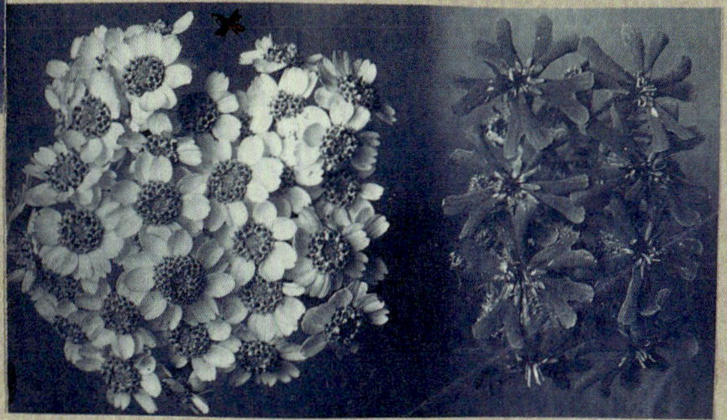
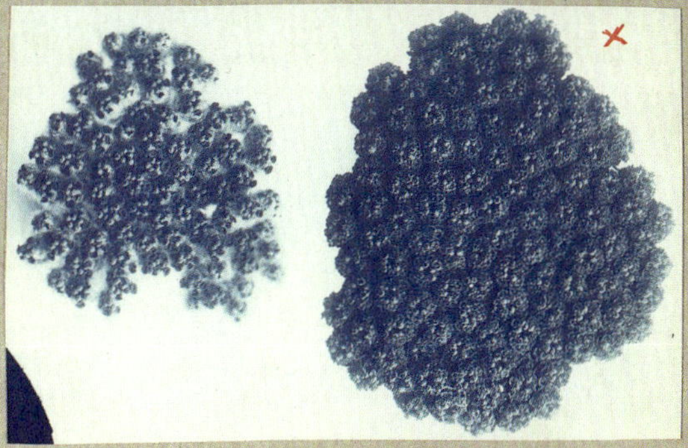
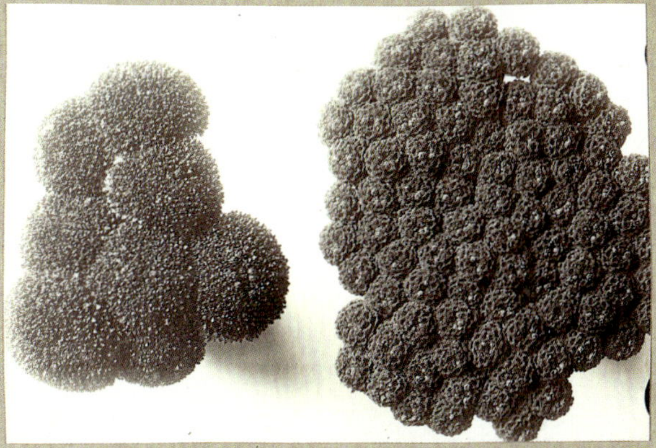
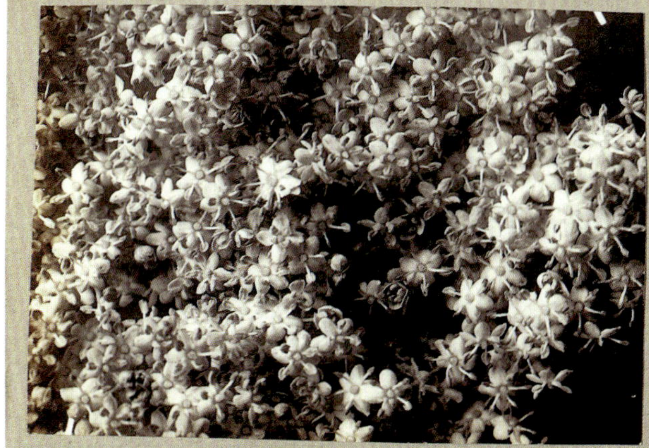
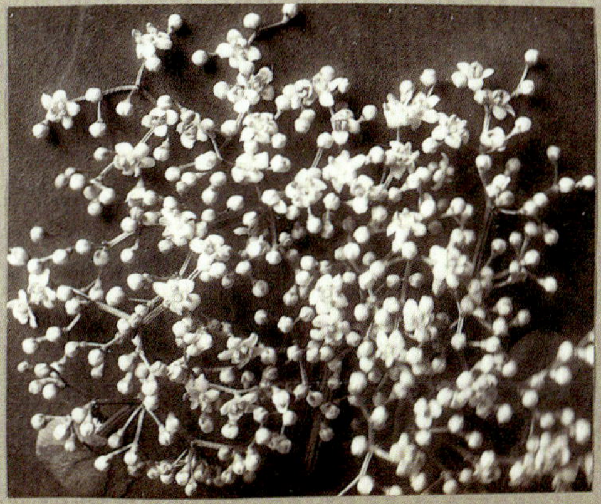
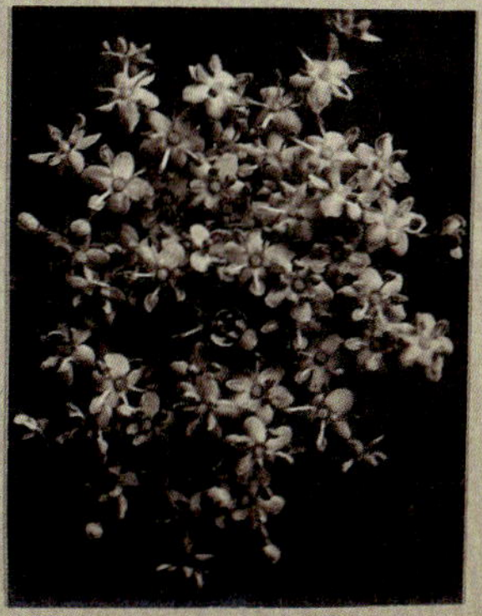

11 149

TAFEL 12 Eisenhut, Mannstreu und Schafgarbe

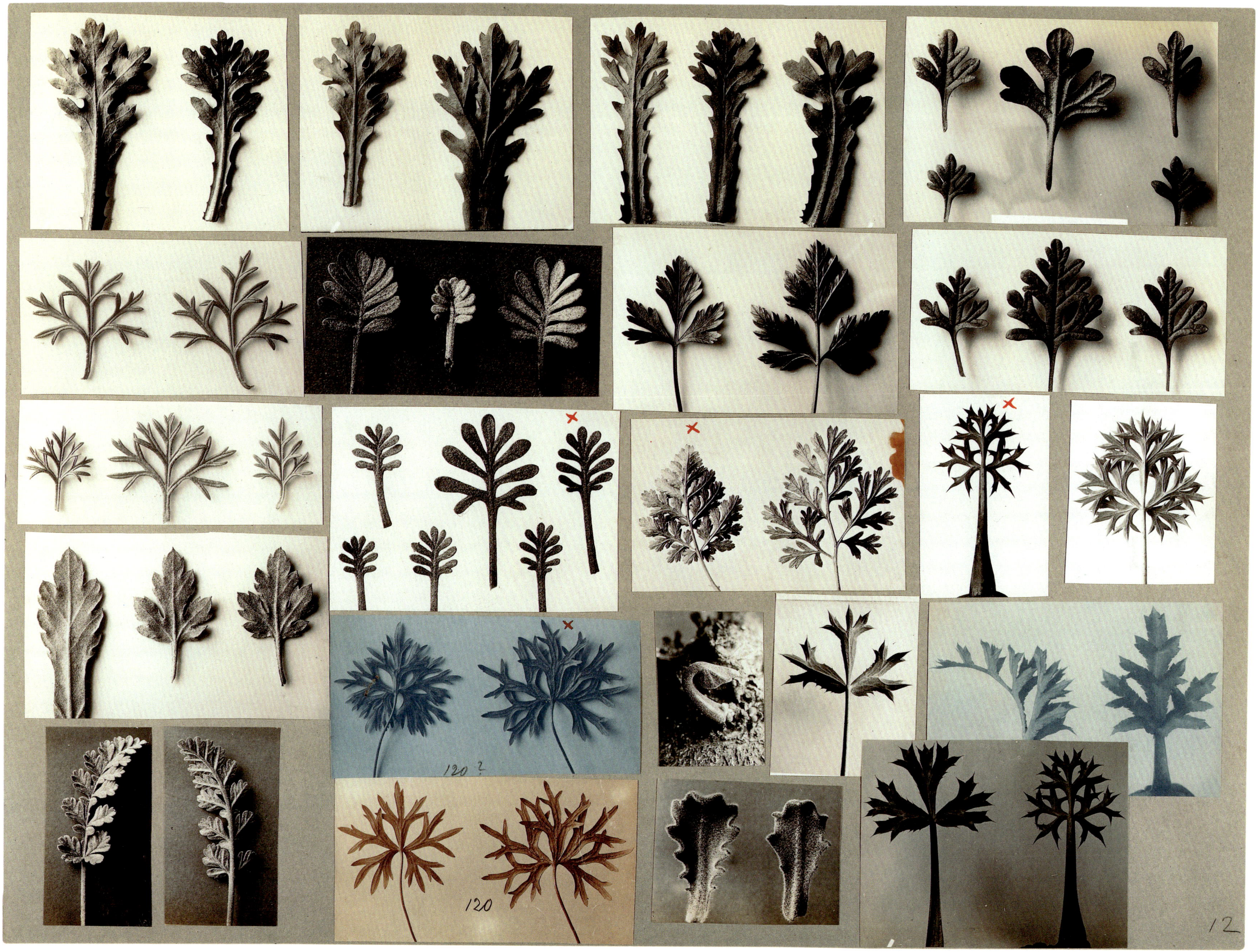
120 ?
120
12

TAFEL 13 Blätter

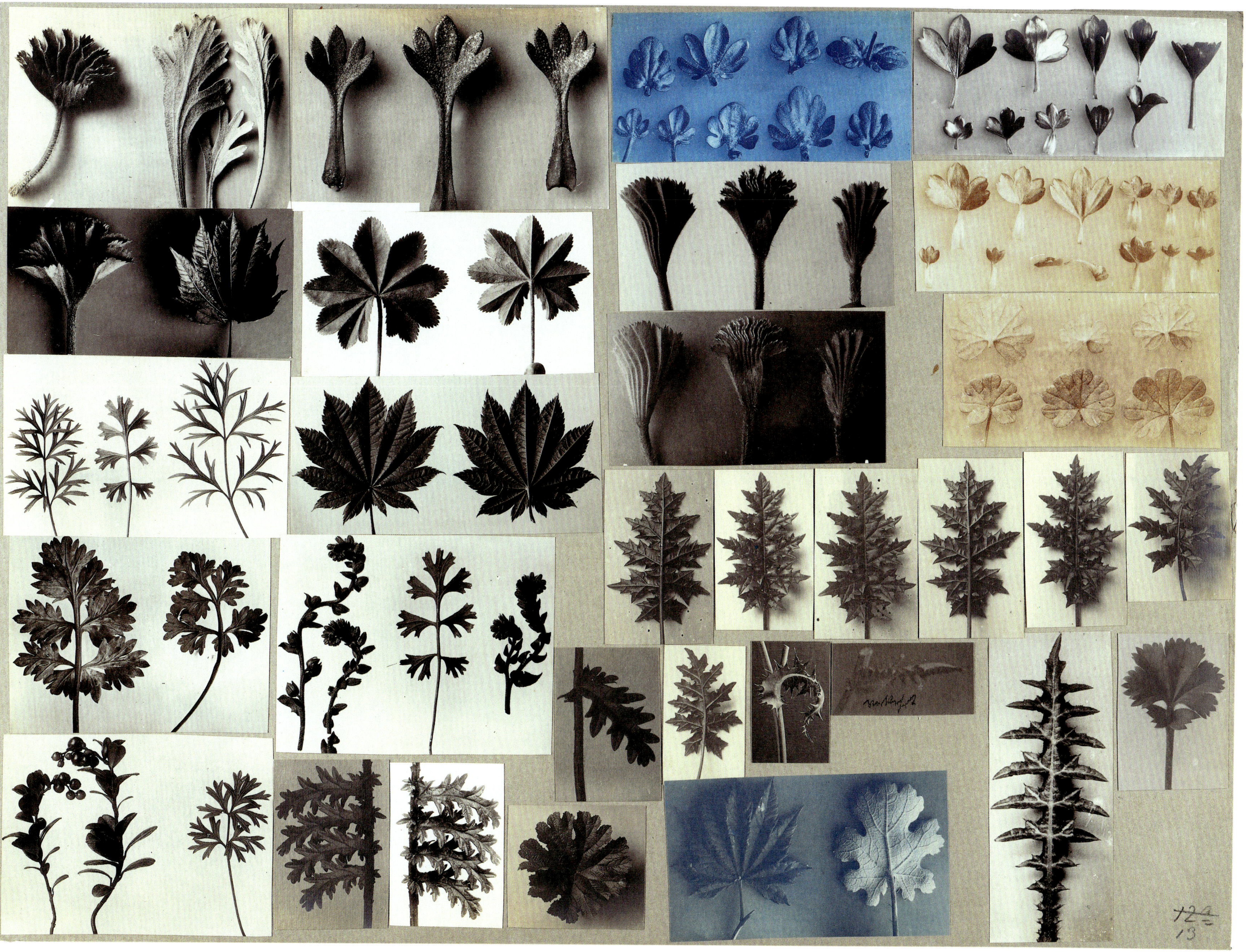
13

TAFEL 14 Farne I

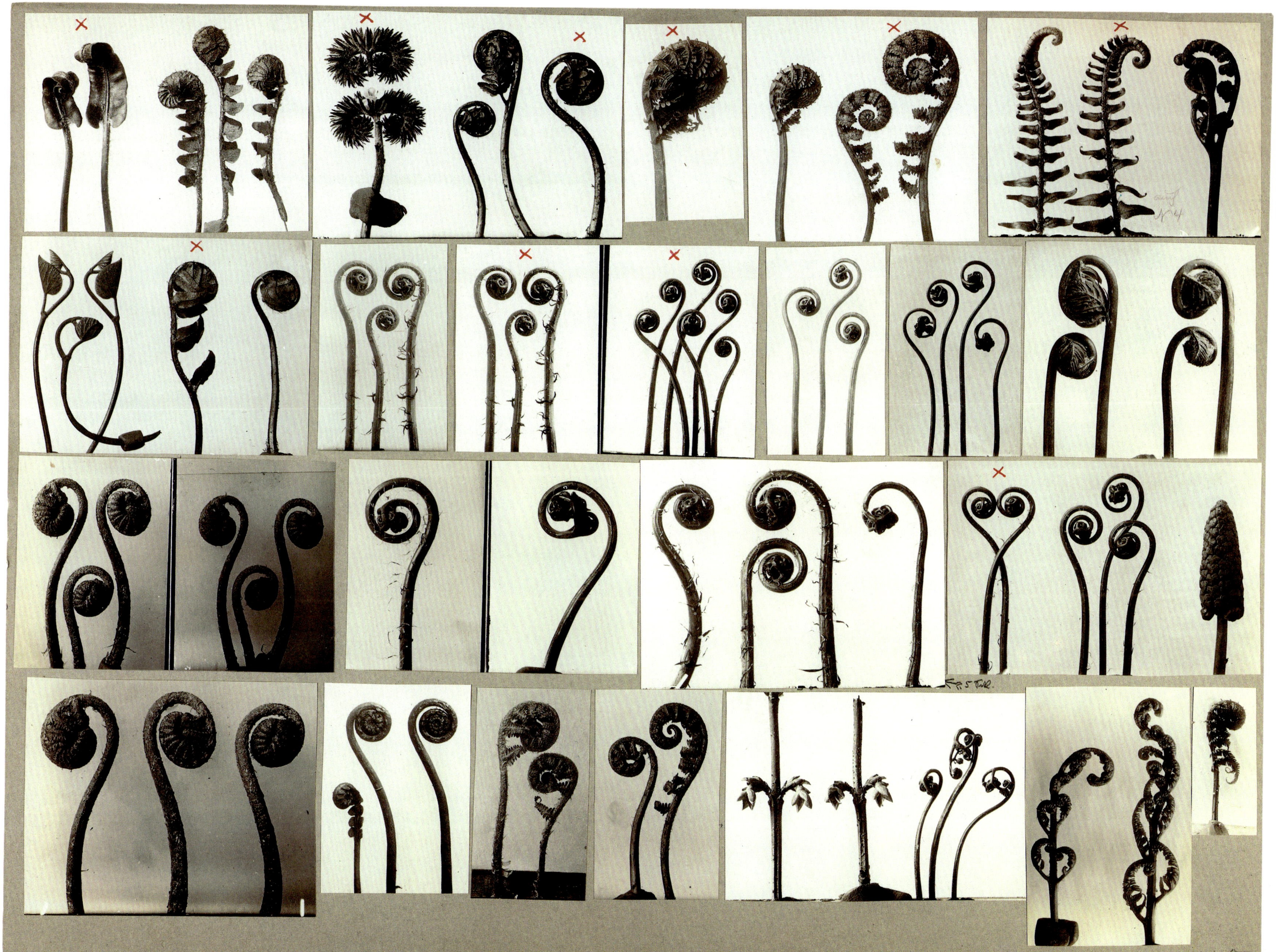

TAFEL 15 Farne II

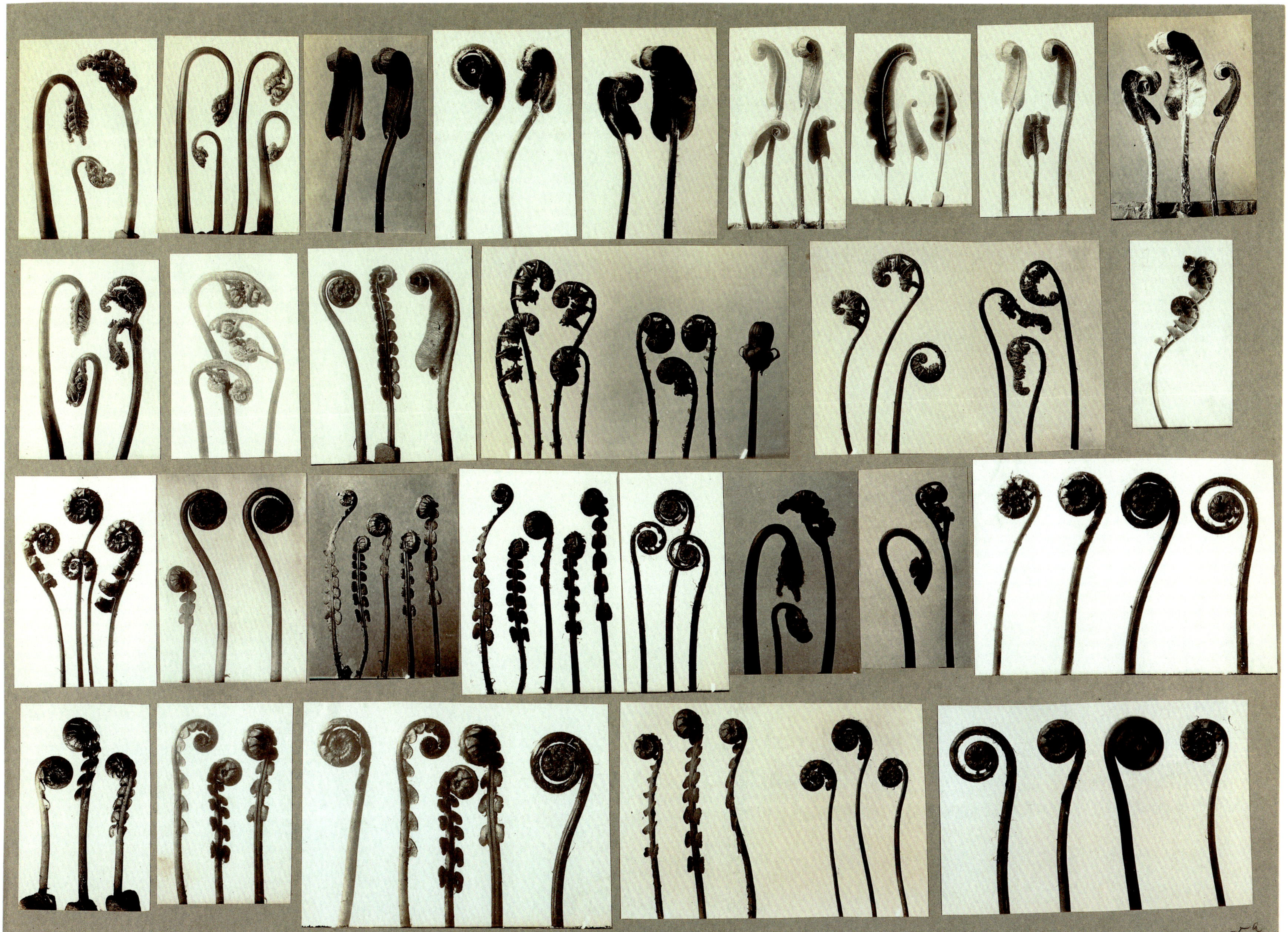

5a
15

TAFEL 16 Farne III

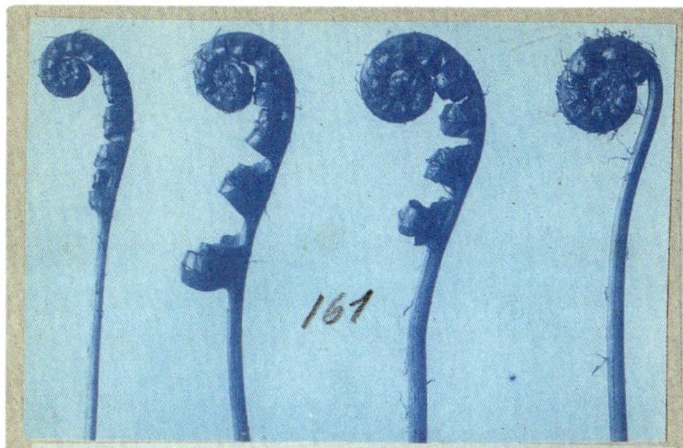
161
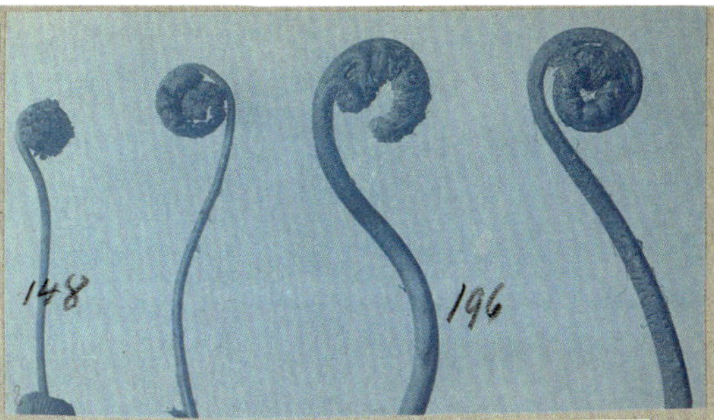
148
196
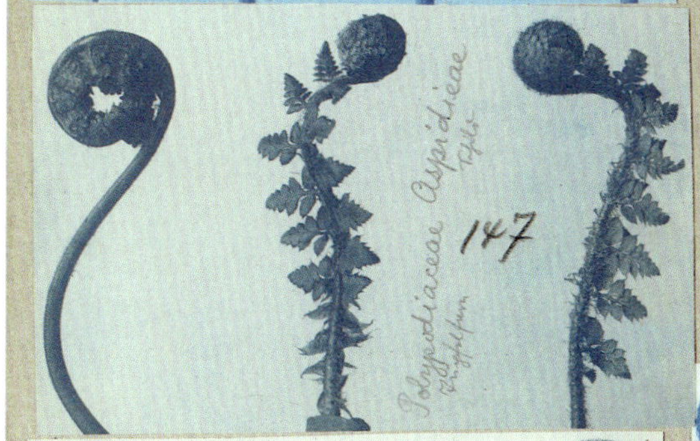
Polypodiaceae Aspidieae
147
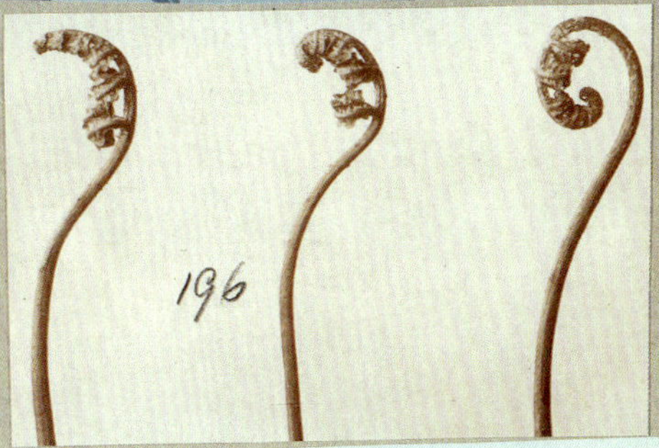
196
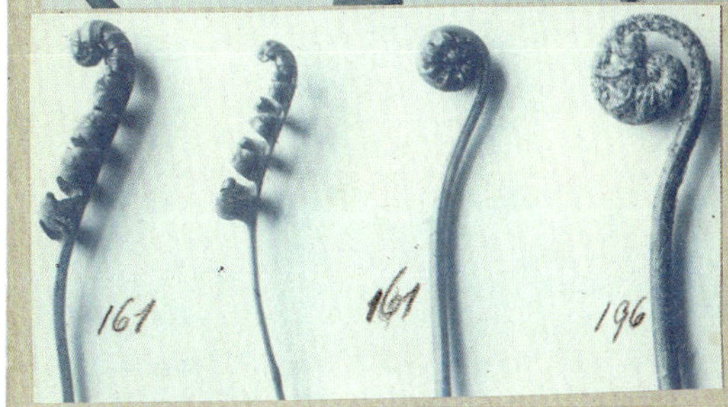
161
161
196
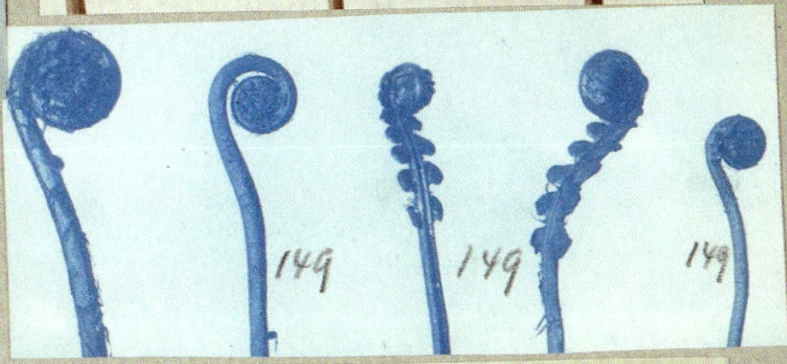
149
149
149
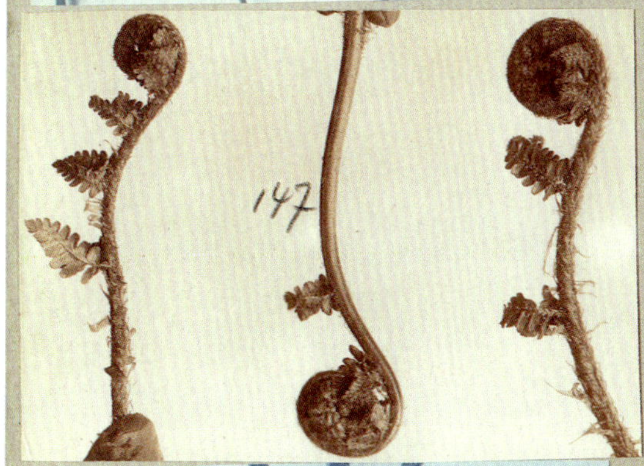
147
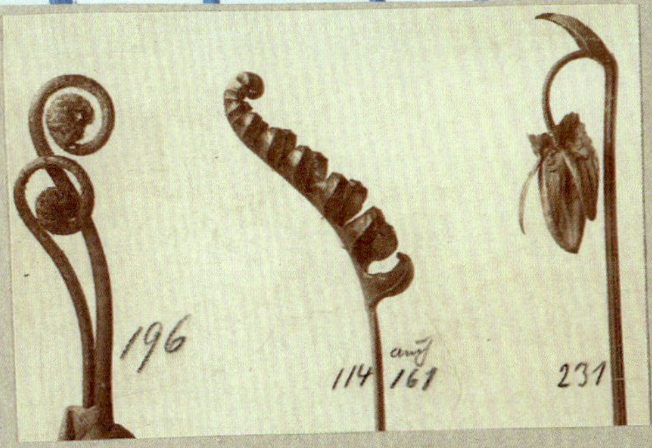
196
114 auf 161
231
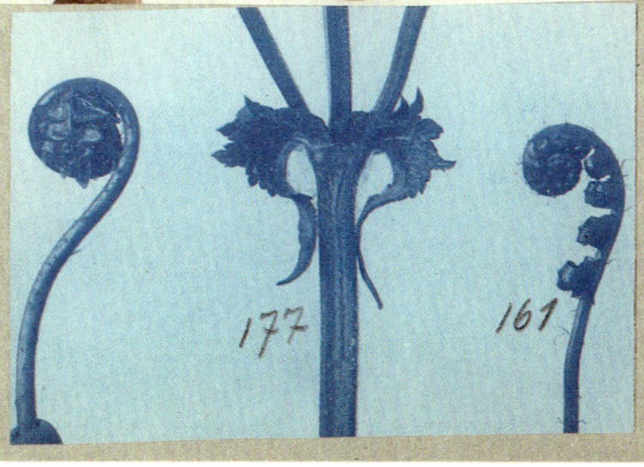
177
161

TAFEL 17 Manna-Esche

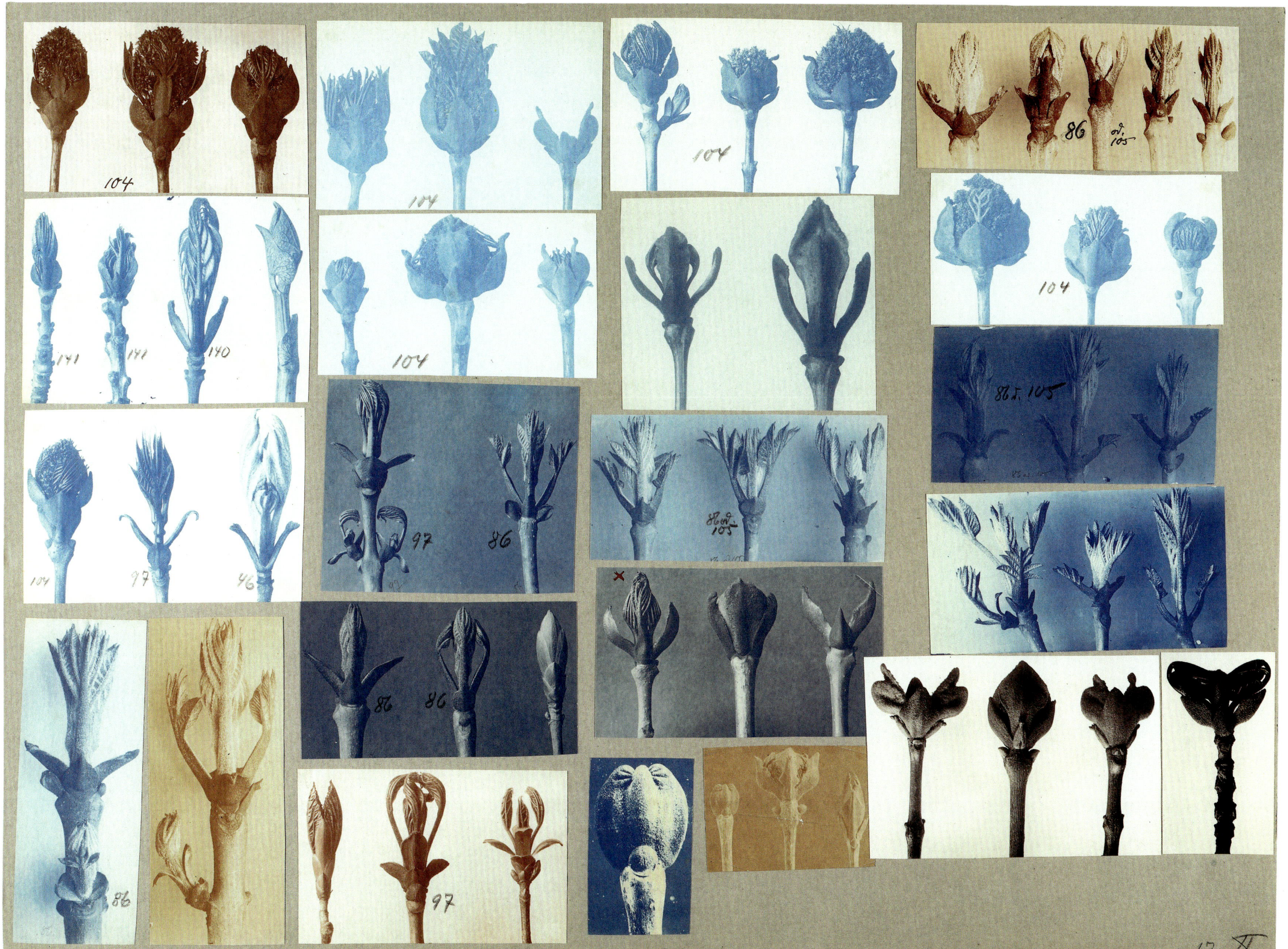
104
104
104
86
141
141
140
104
104
86 u. 105
104
97
46
97
86
86 u. 105
86
86
86
97

17 XI

TAFEL 18 Zweigspitzen

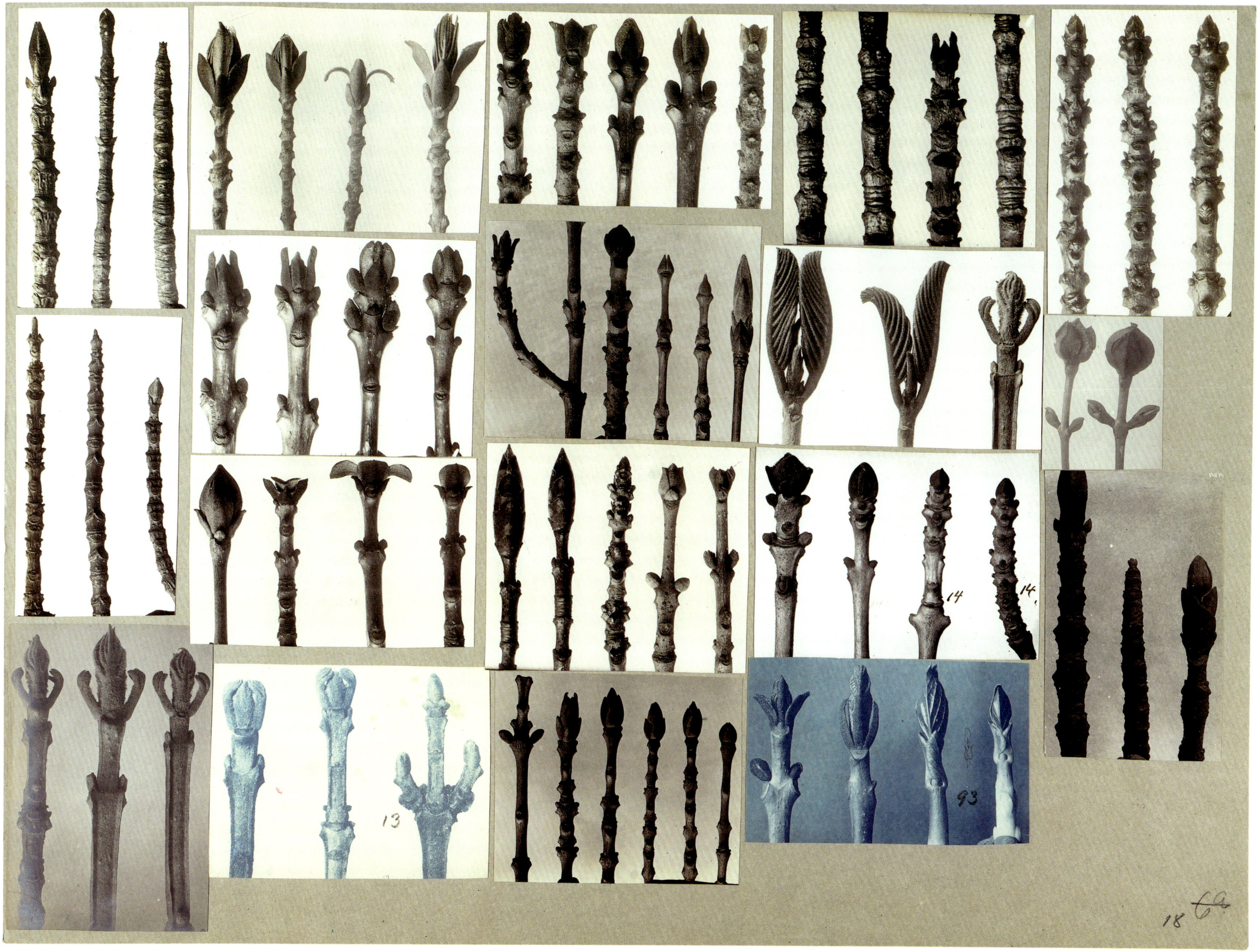
14
14
13
93
18

TAFEL 19 Kornelle und Roßkastanie

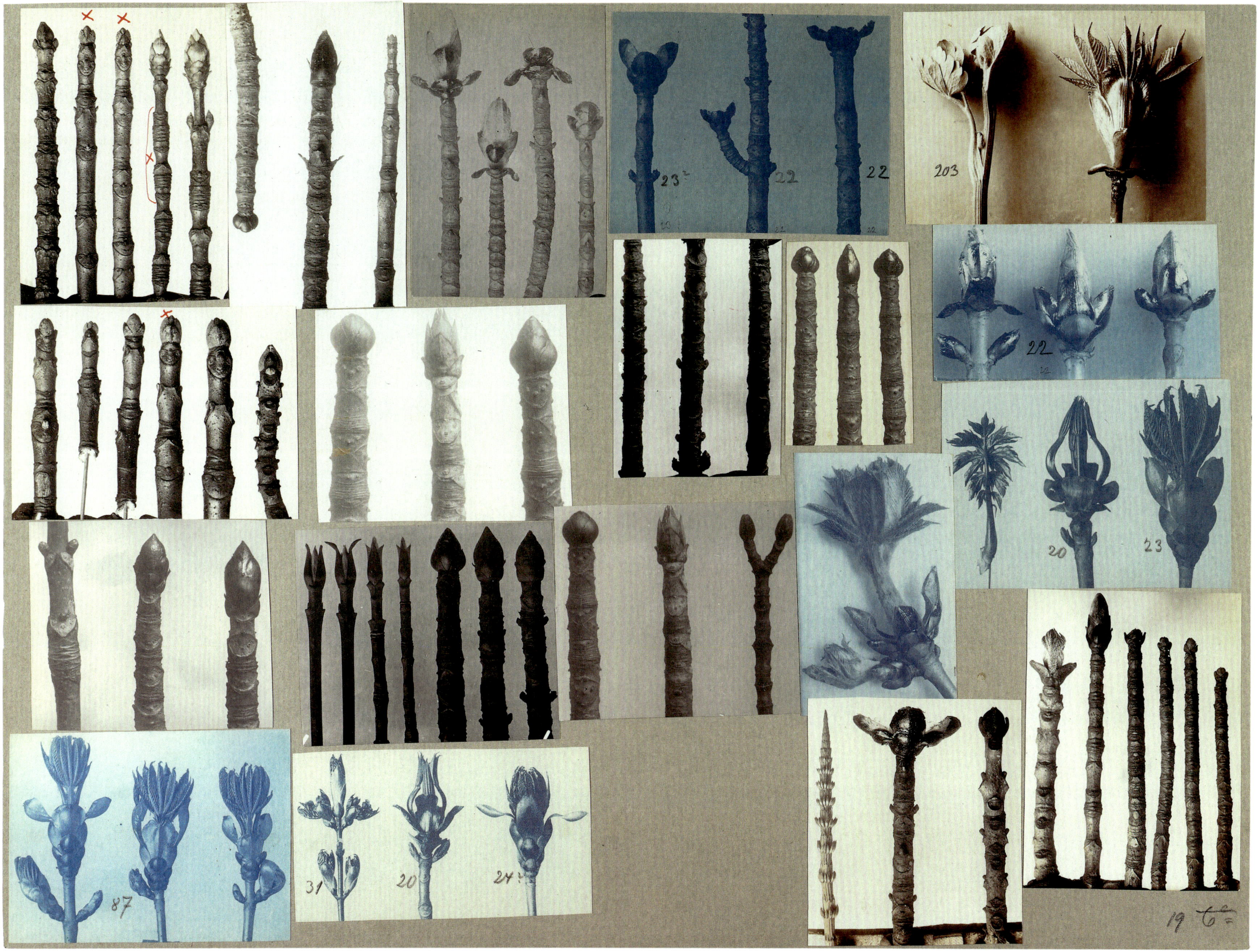
22
22
203
22
20
23
87
31
20

TAFEL 20 Ahorn

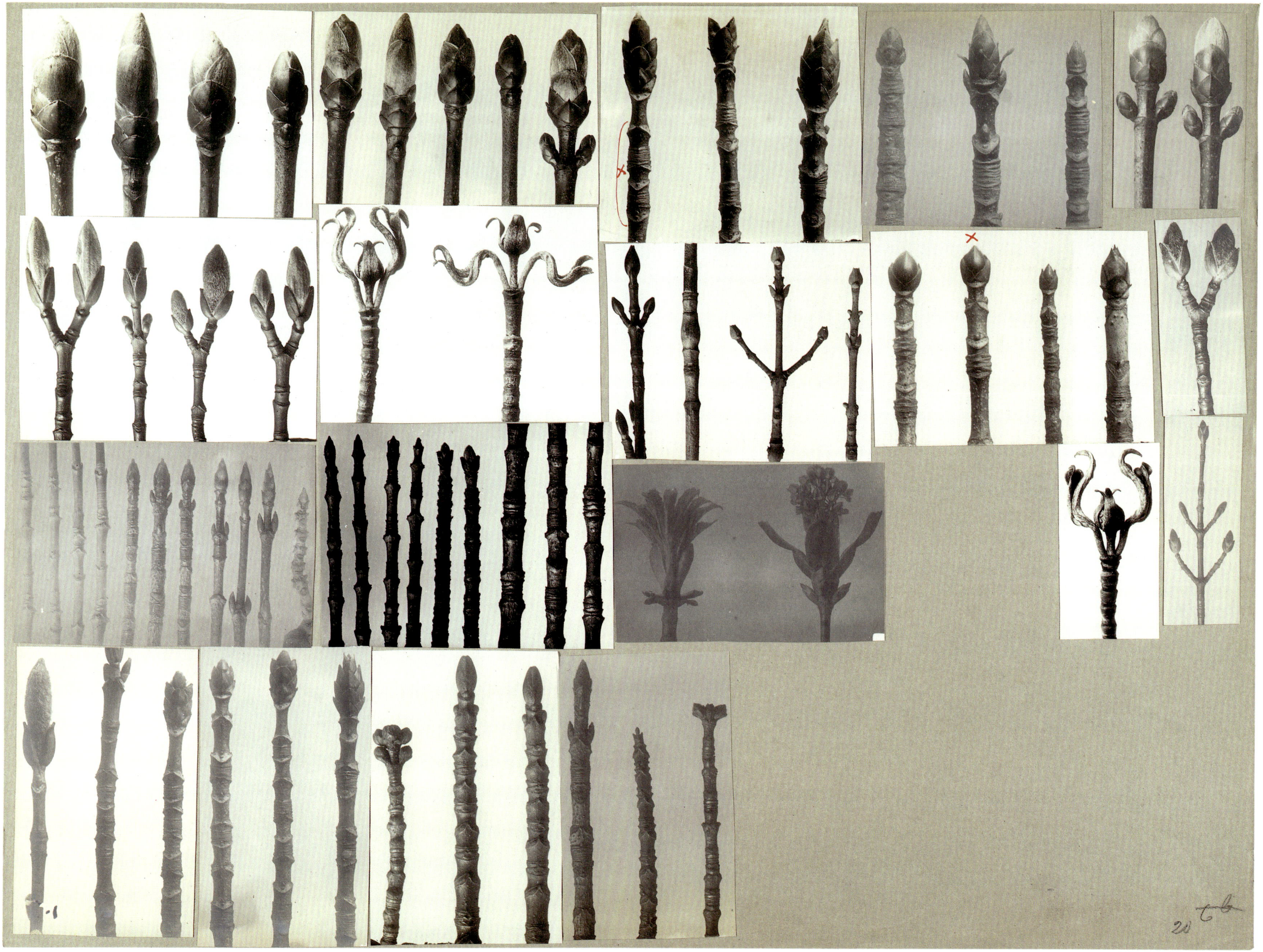

TAFEL 21 Laubknospen

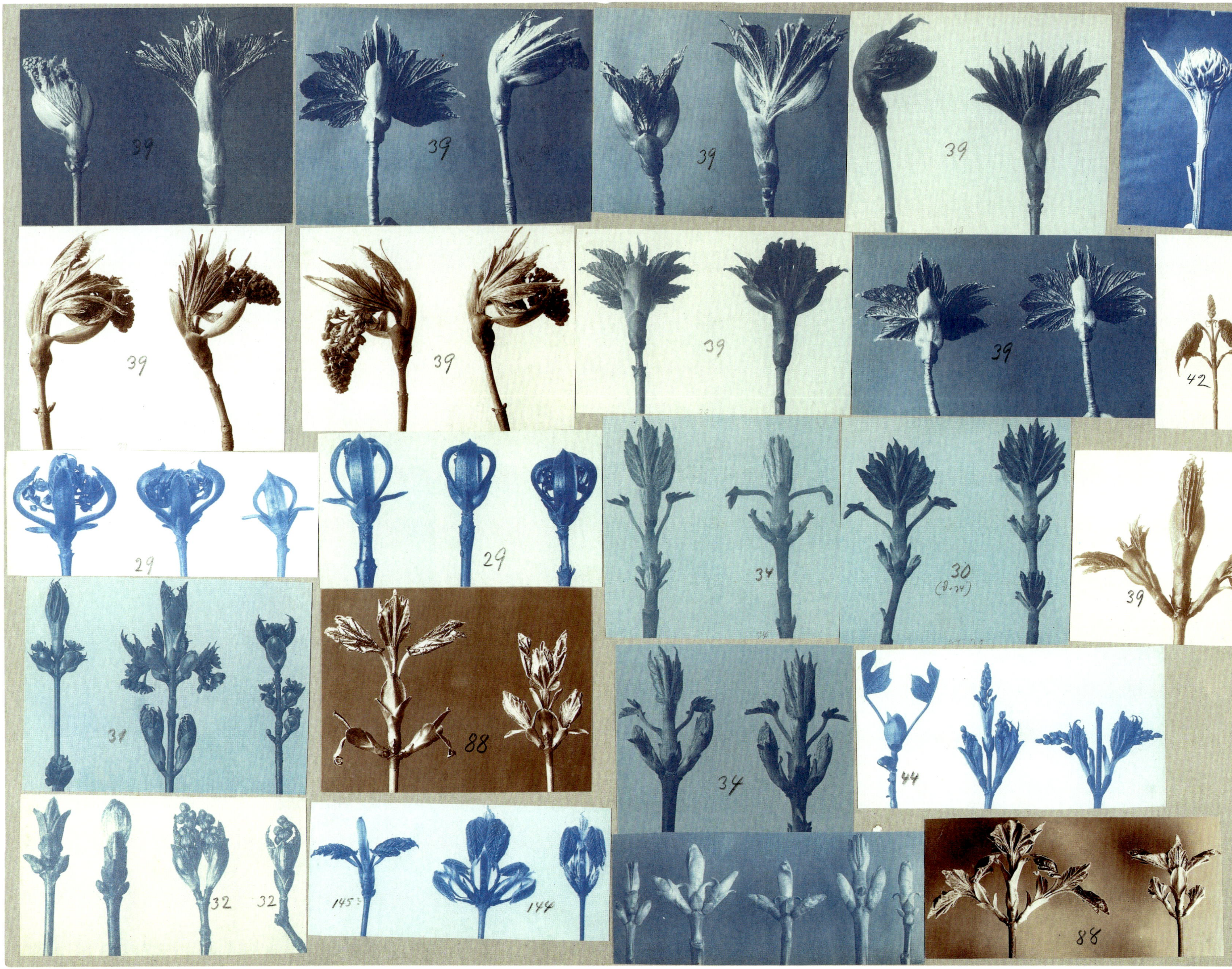

I

1/21

TAFEL 22 Ahorn und Celandinebaum

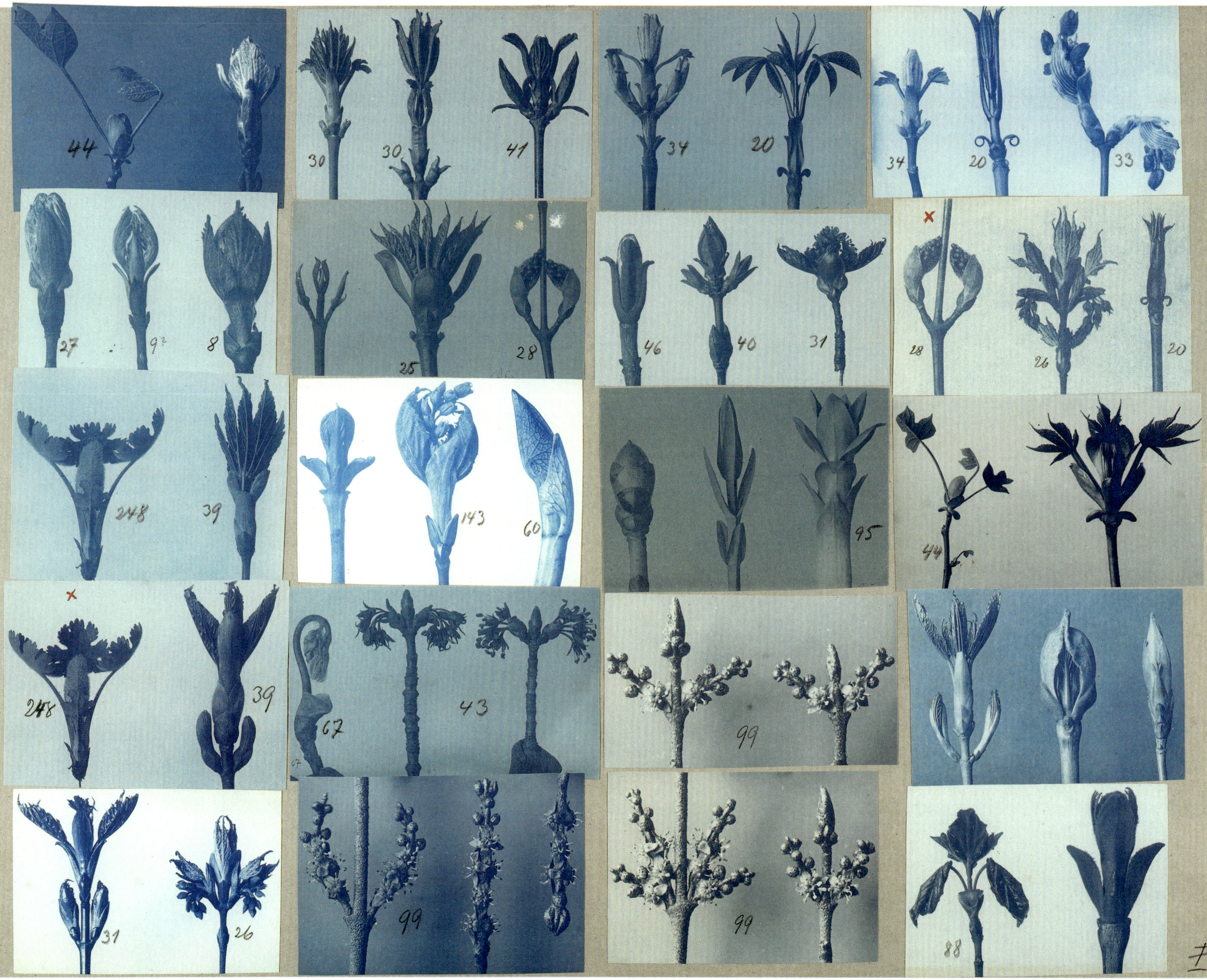

44
30 30 41
34 20
34 20 33
27 8
25 28
46 40 31
28 26 20
248 39
143 60
95
44
248 39
67 43
99
31 26
99
99
88

Ia
22

TAFEL 23 Forsythie und Kornelle

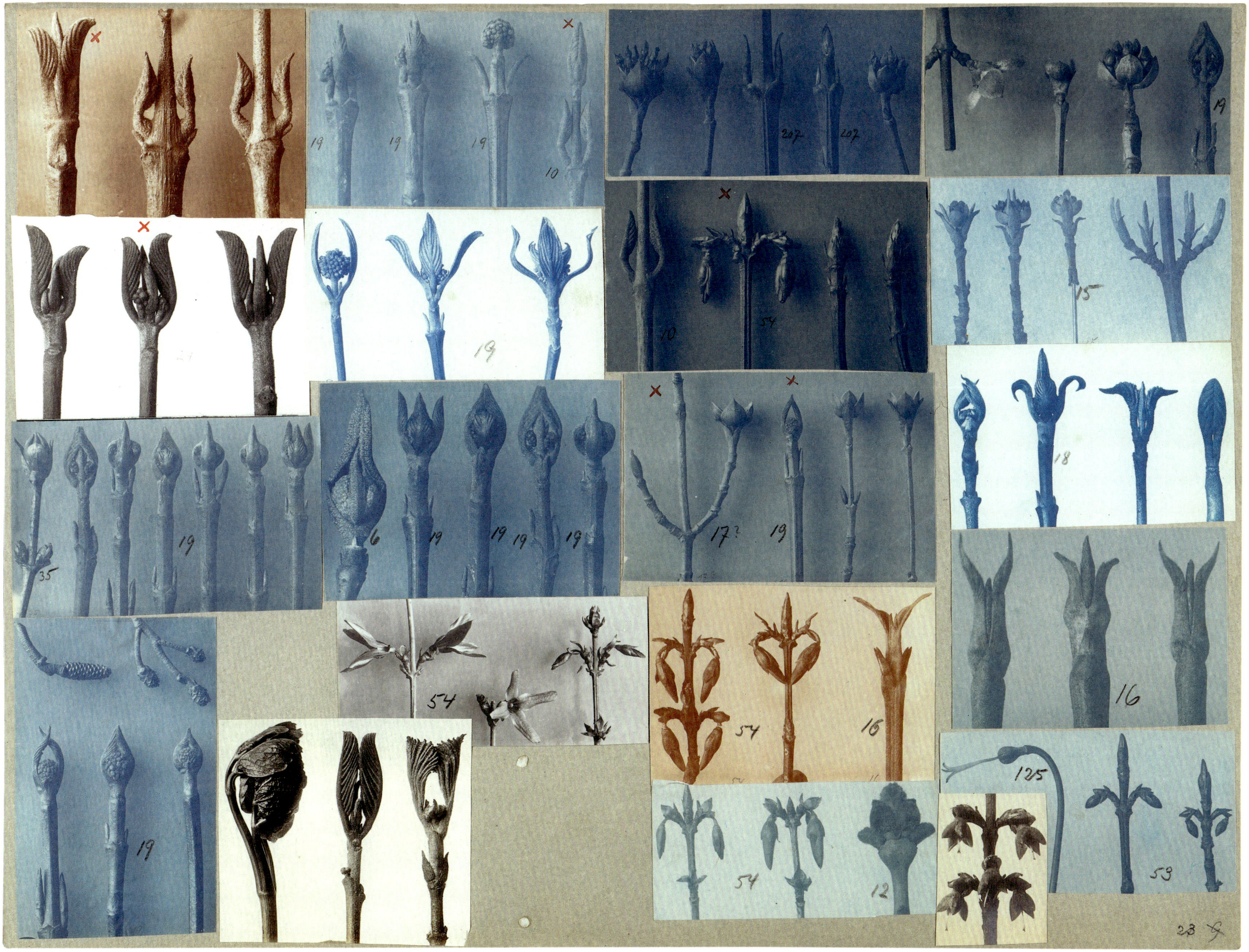

19 19 19 10
207 207
19
19
10 54
15
18
35 19
6 19 19 19 19
17? 19
16
54
54 16
125
54 12
53
19
23

TAFEL 24 Schlinge und Winterling

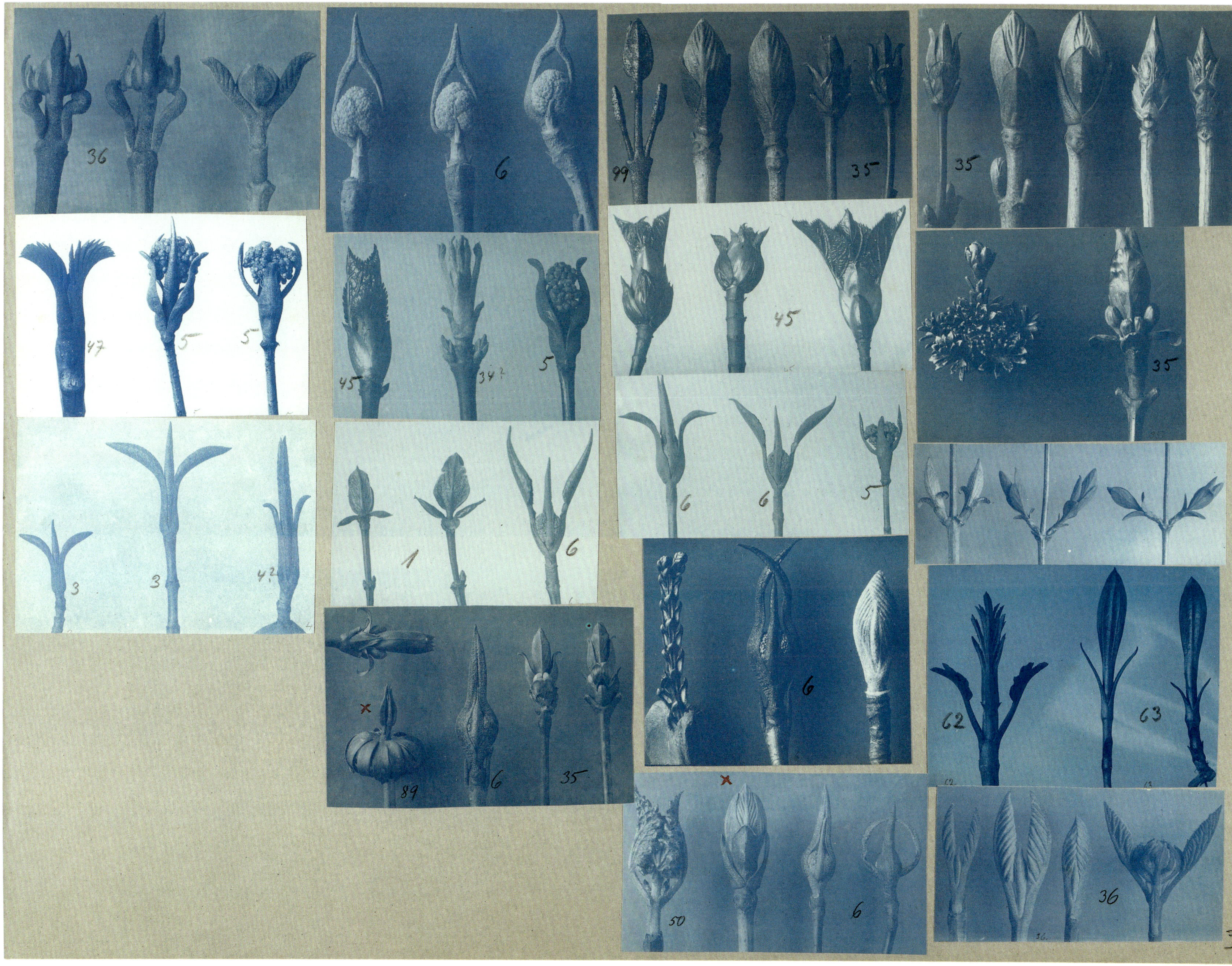

IV
24

TAFEL 25 Laub- und Blütenknospen I

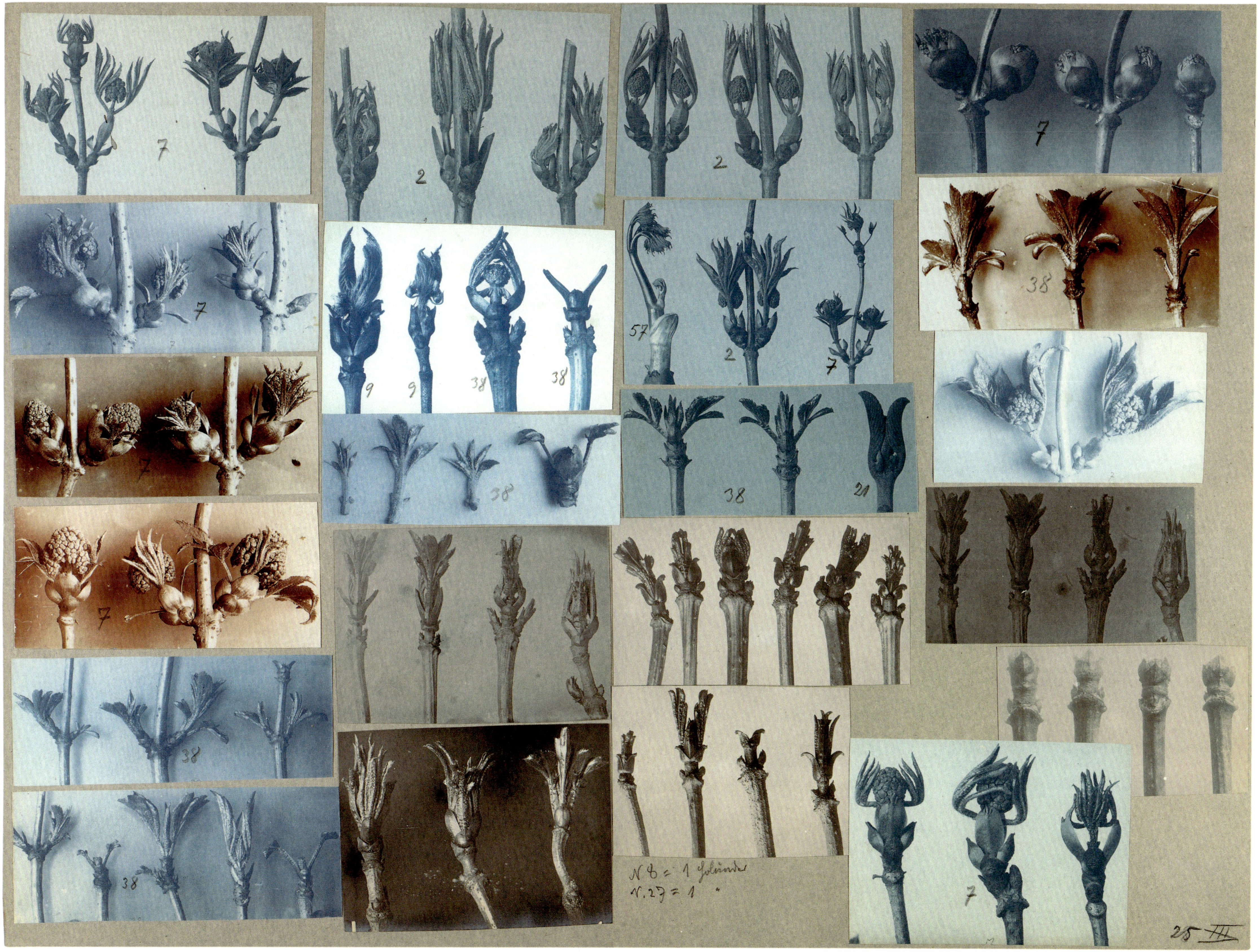
7
2
2
7
7
9
9
38
38
57
2
7
38
7
38
21
38
7
38
38
7
N. 27 = 1 "
25 III

TAFEL 26 Kornelle und Ahorn

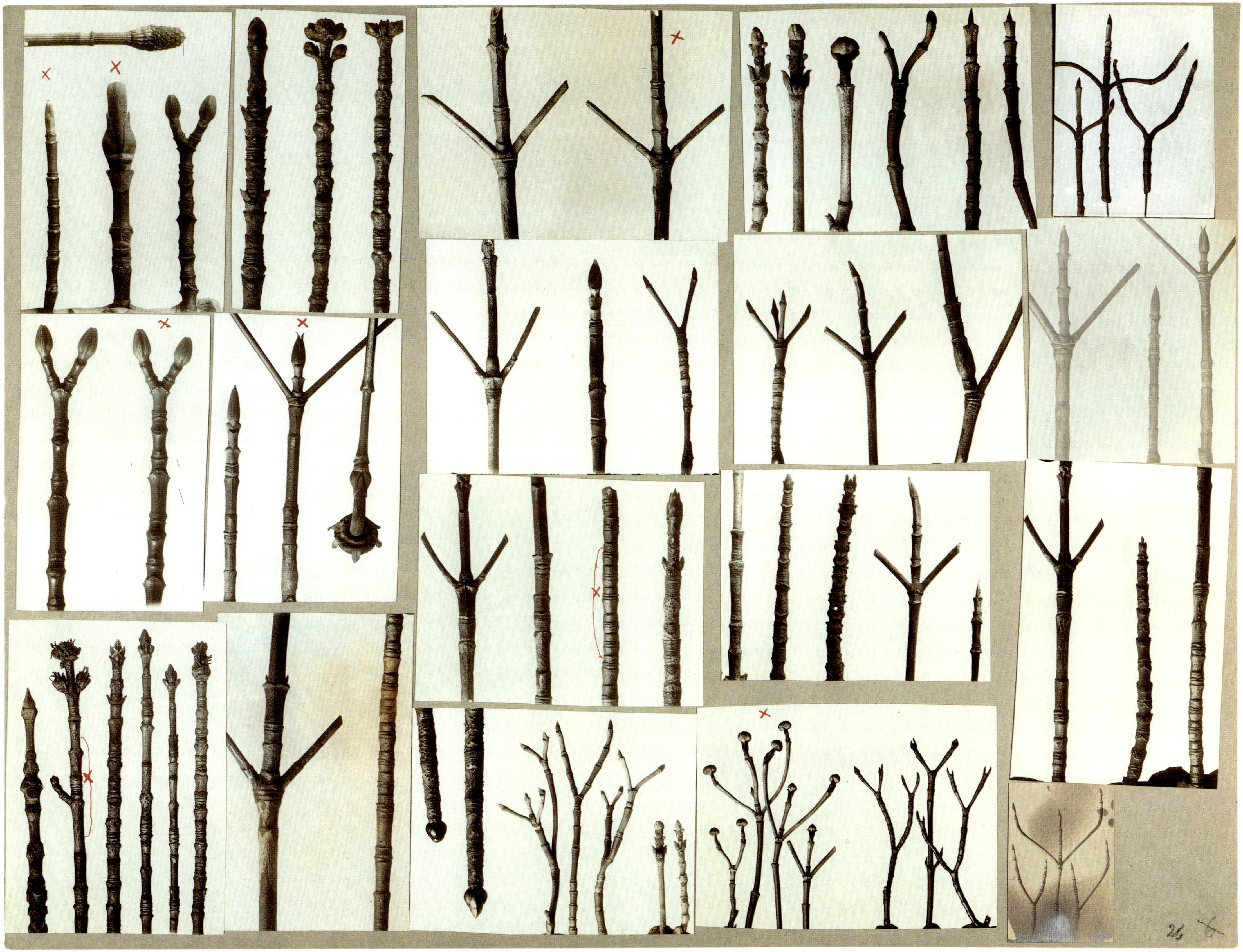

TAFEL 27 Balsamine und Kornelle

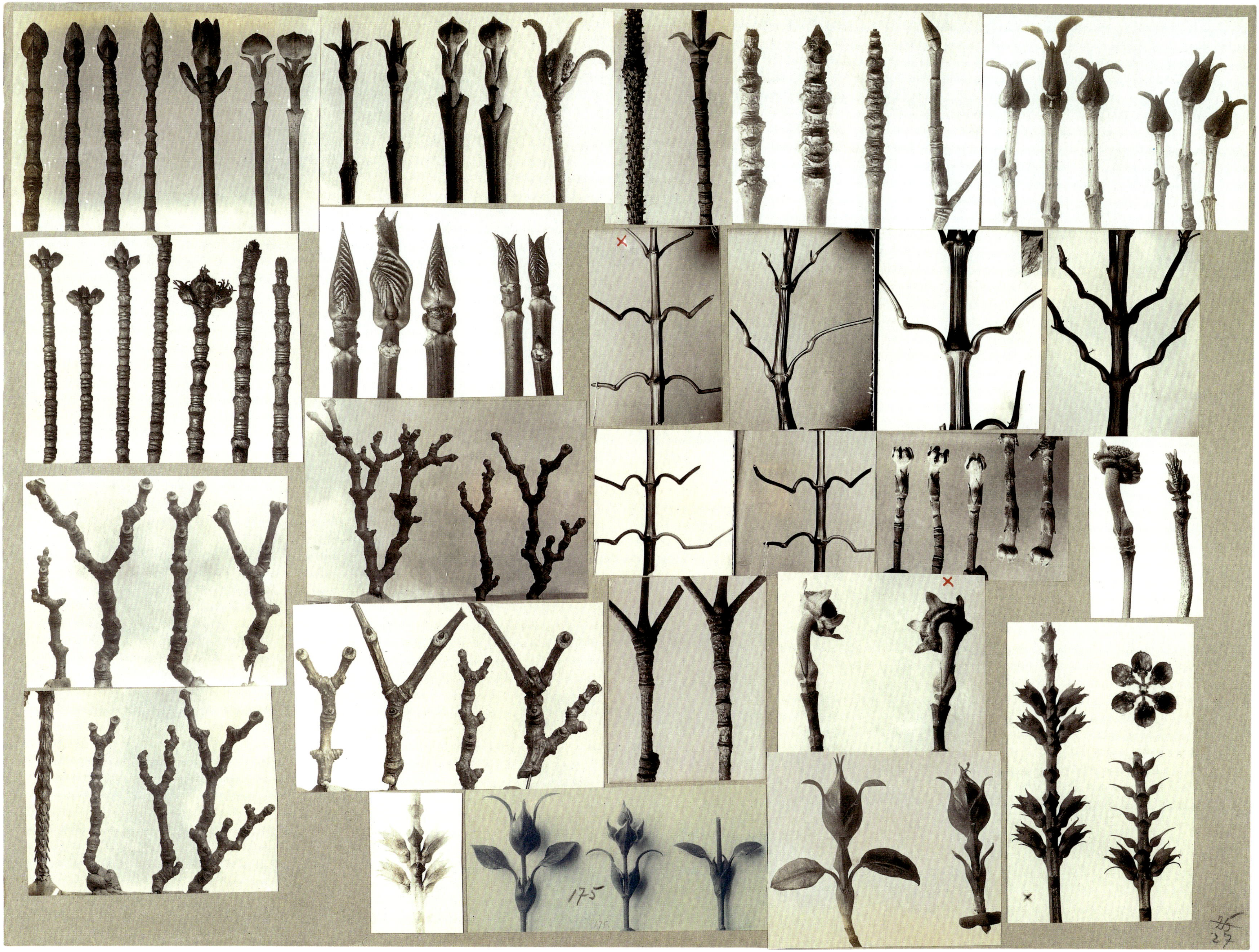
175

TAFEL 28 Saubohne, Löwenzahn und Bauerntabak

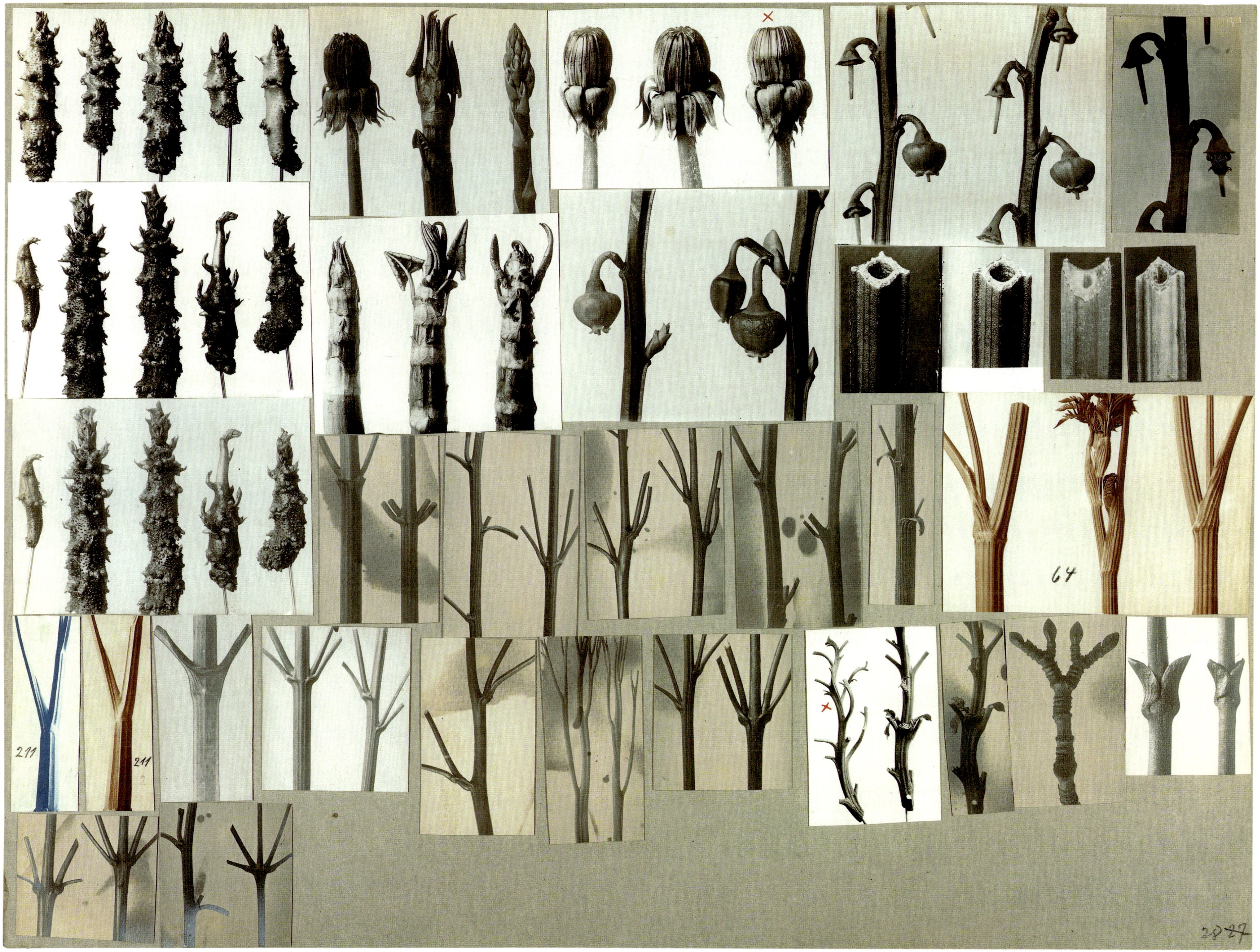
64
211
211
2827

TAFEL 29 Laub- und Blütenknospen II

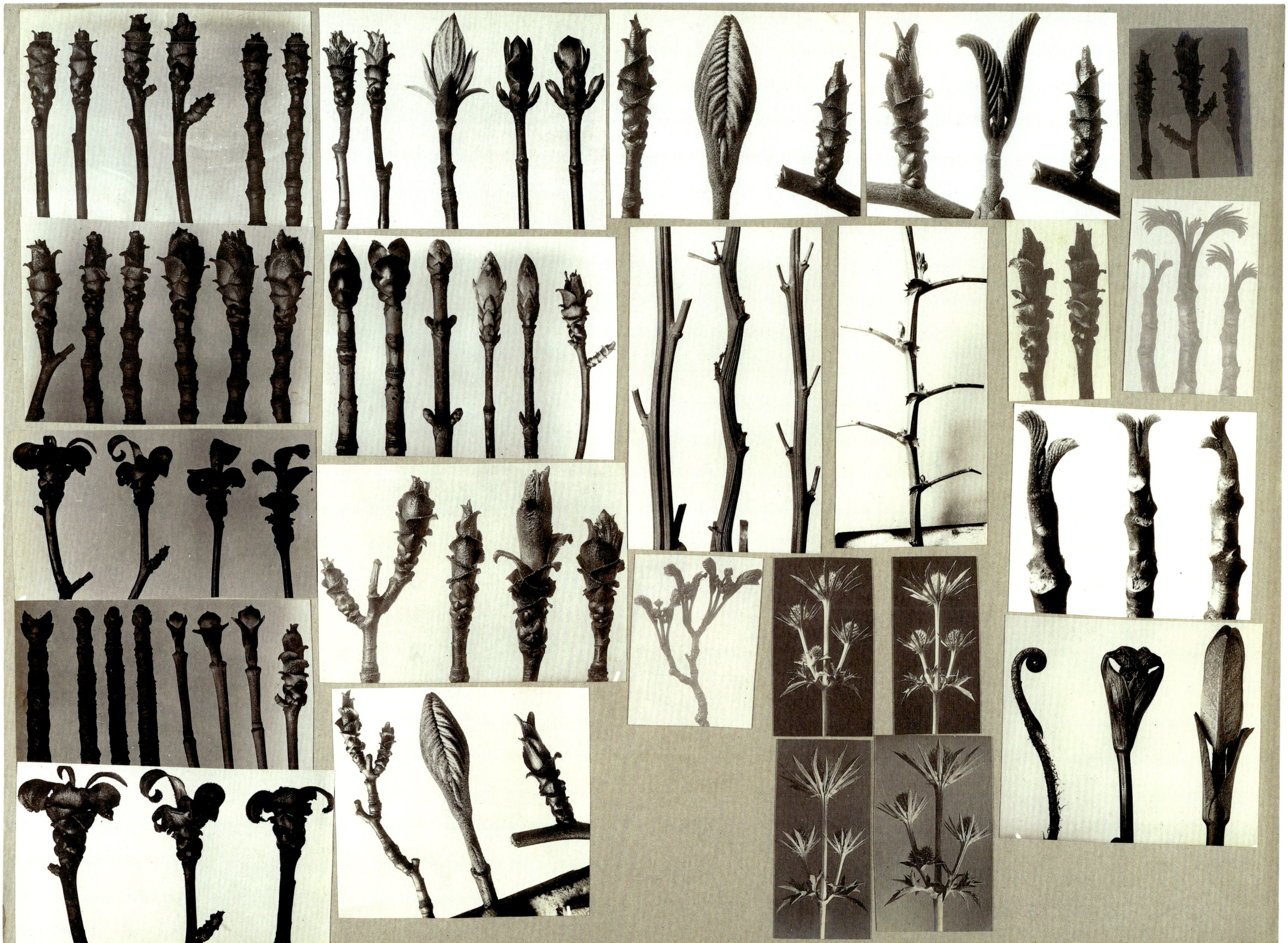

29 XII

TAFEL 30 Akanthus und Skabiose

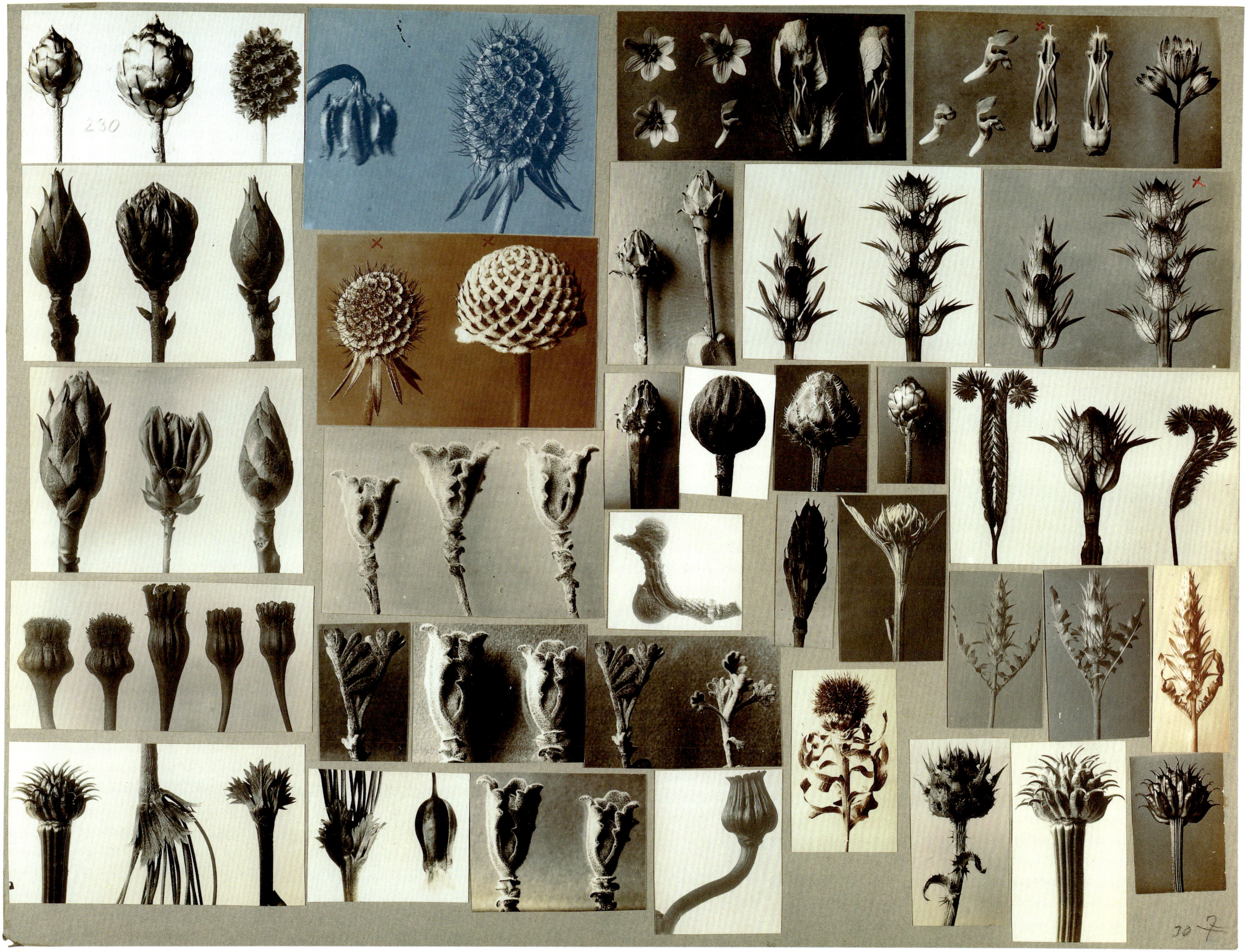
230
30 7

TAFEL 31 Kratzdistel

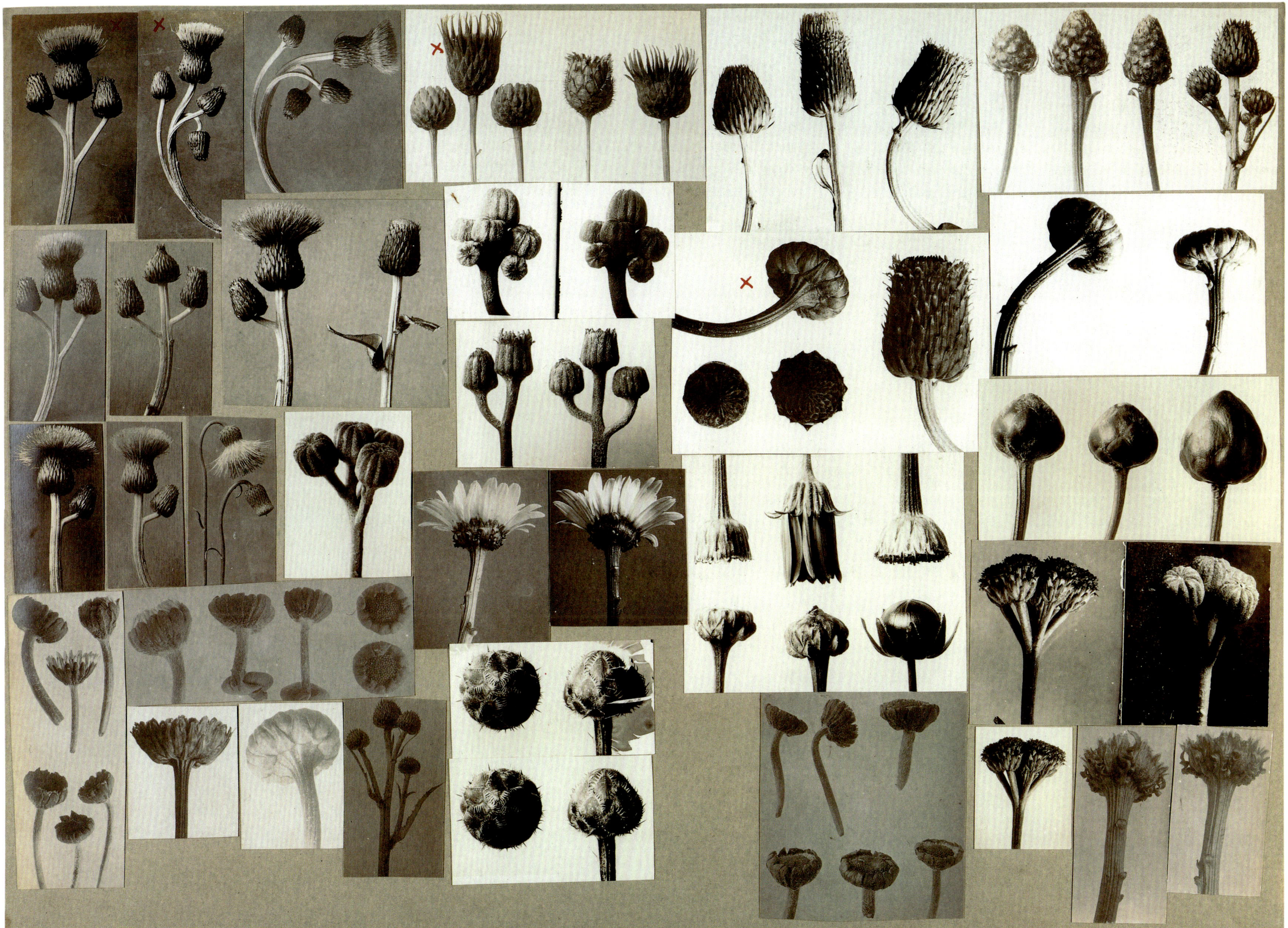

31 78

TAFEL 32 Zittergras und Blütenknospen

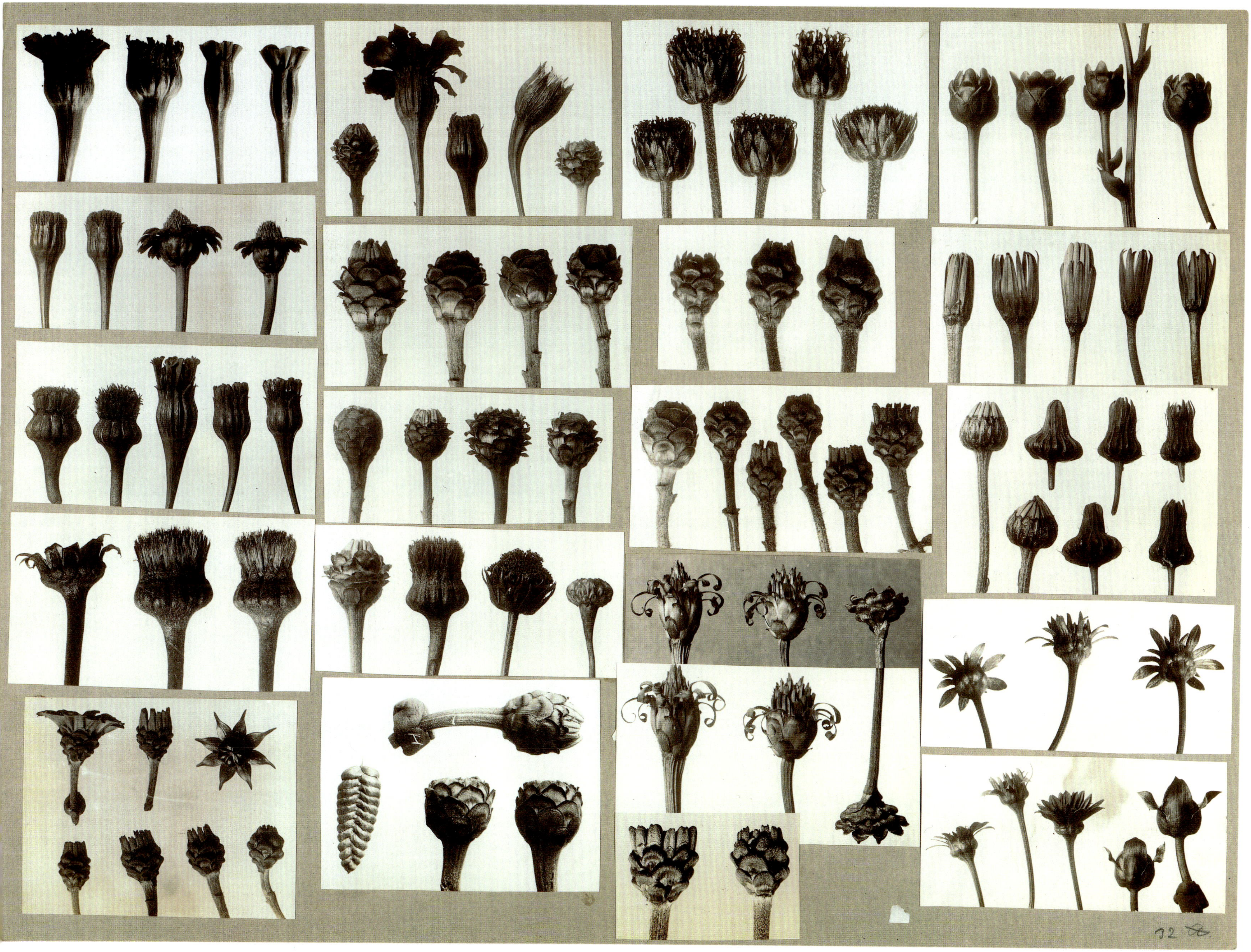

TAFEL 33 Mohnkapseln

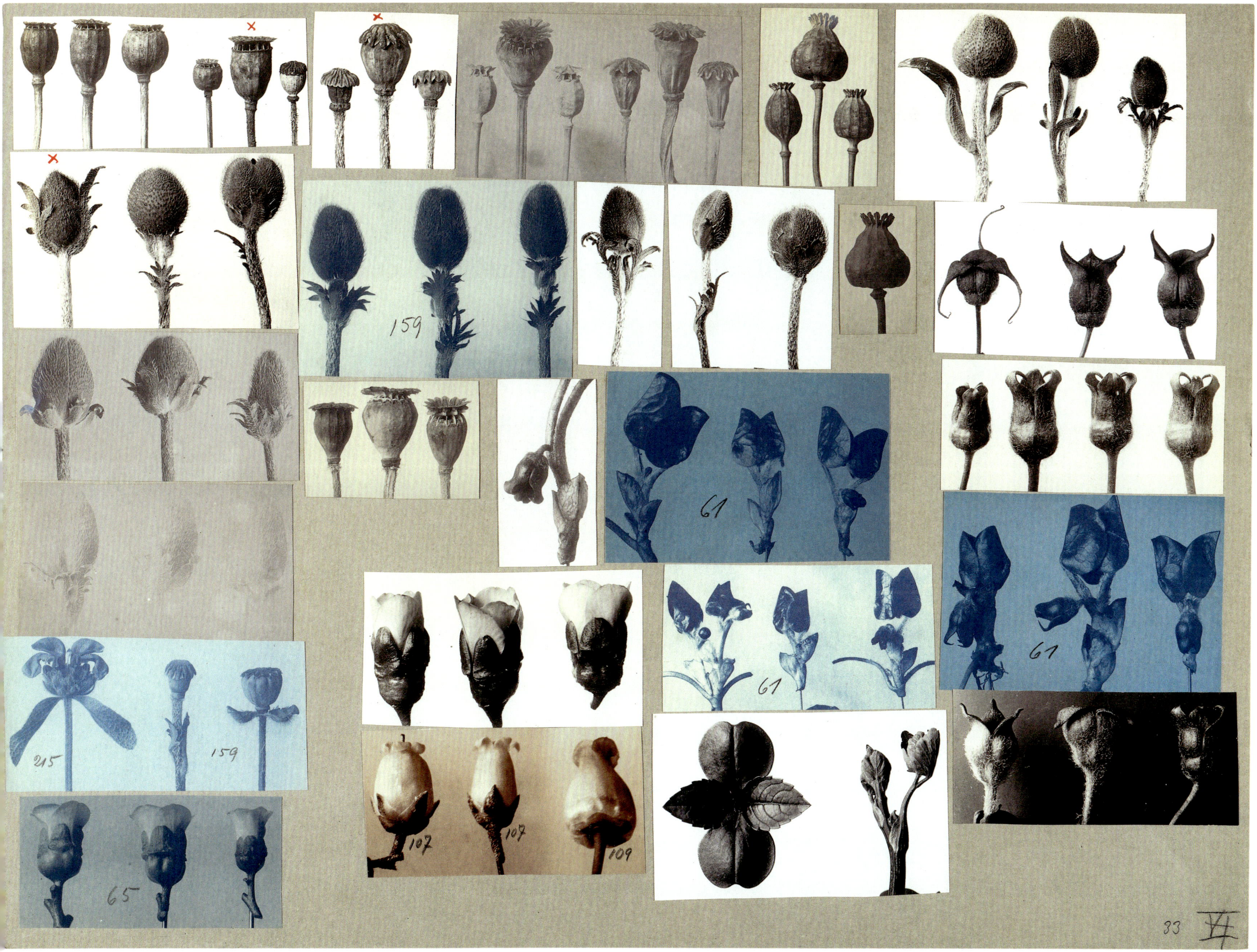
159
61
61
61
215
159
65
107
107
109
33

TAFEL 34 Magnolie und Zaubernuß

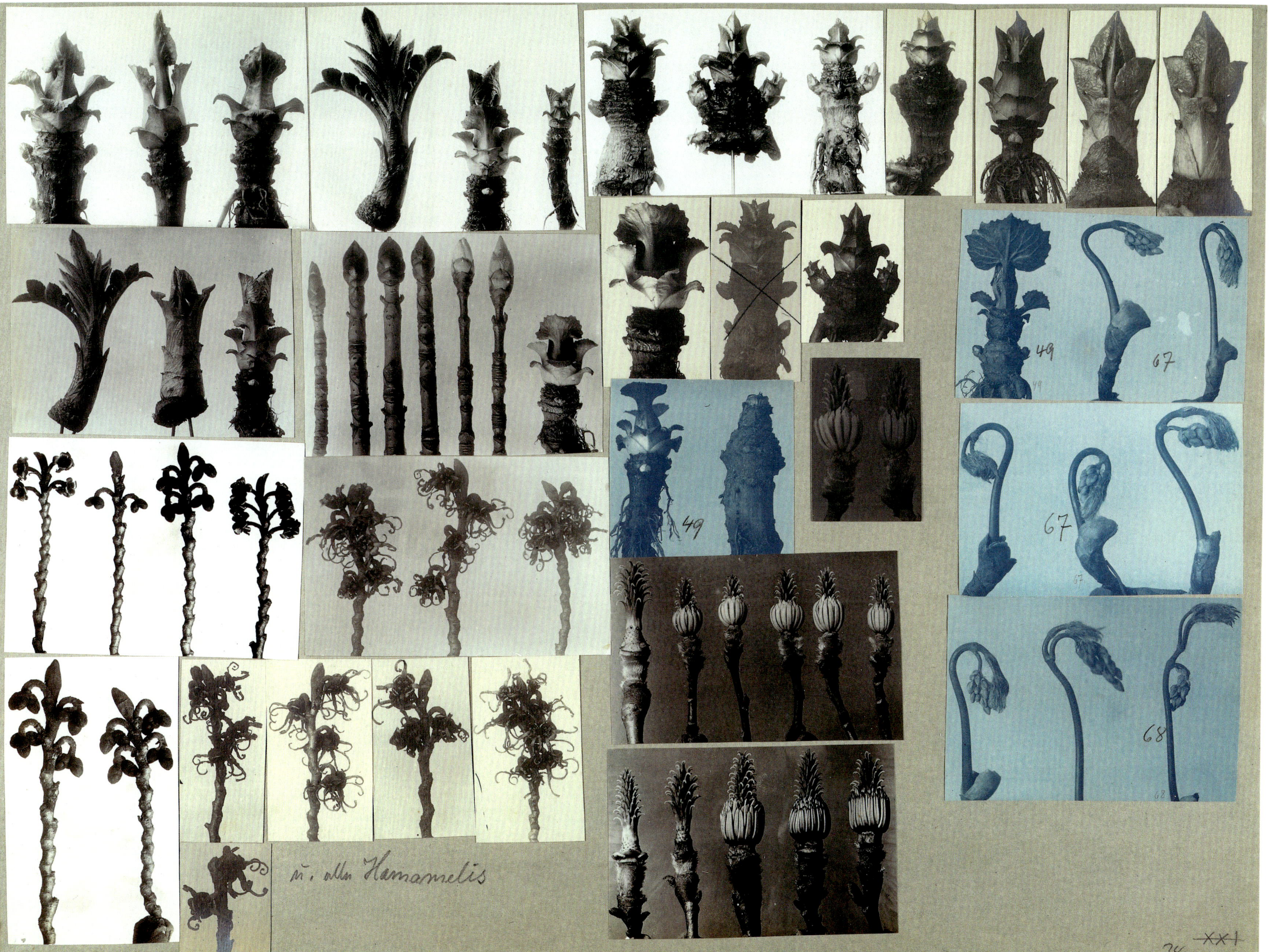
49
67
49
67
68
u. alte Hamamelis

TAFEL 35 Flammenlippe

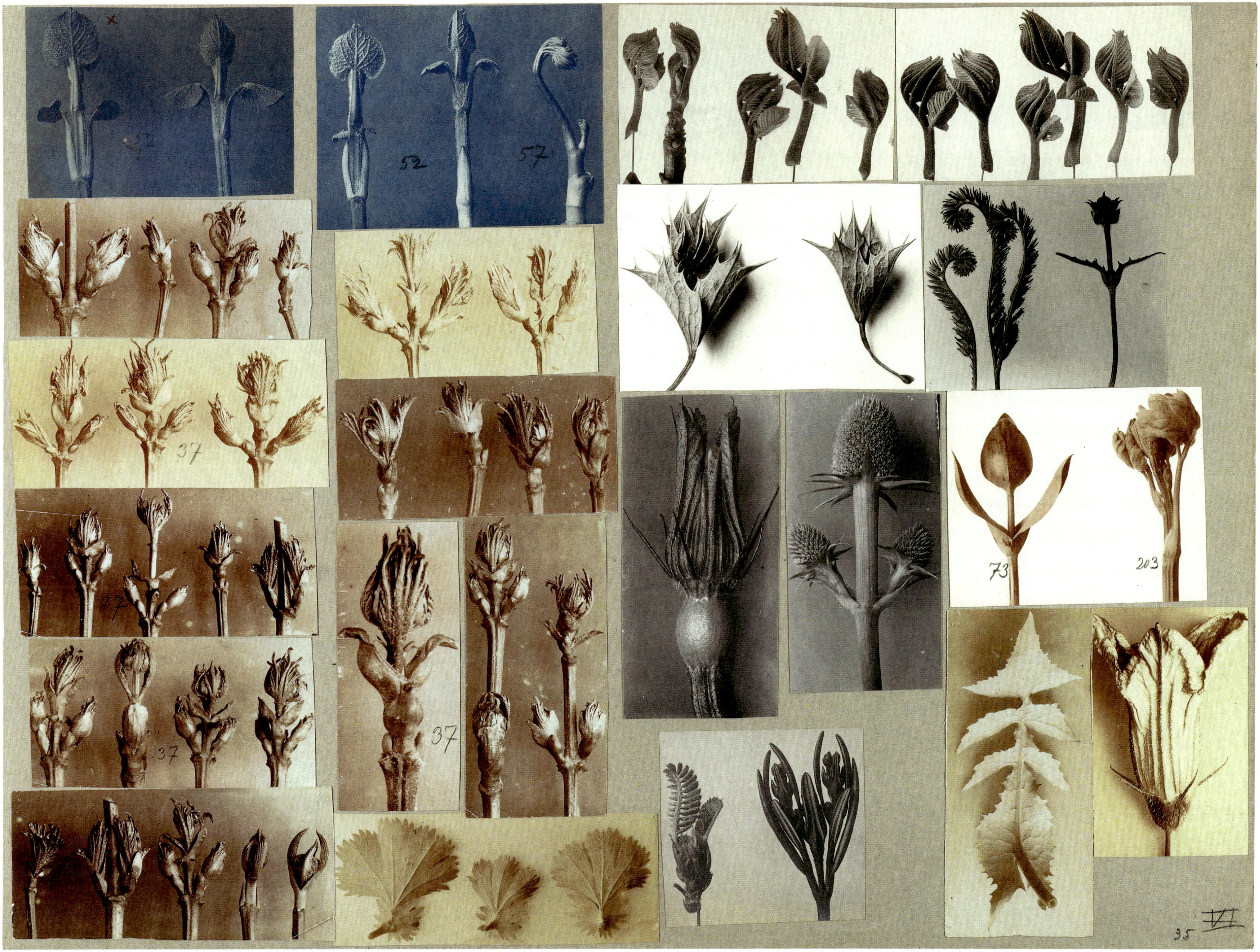
52
57
37
37
37
37
73
203
VI
35

TAFEL 36 Flieder, Sockenblume und Sumpf-Herzblatt

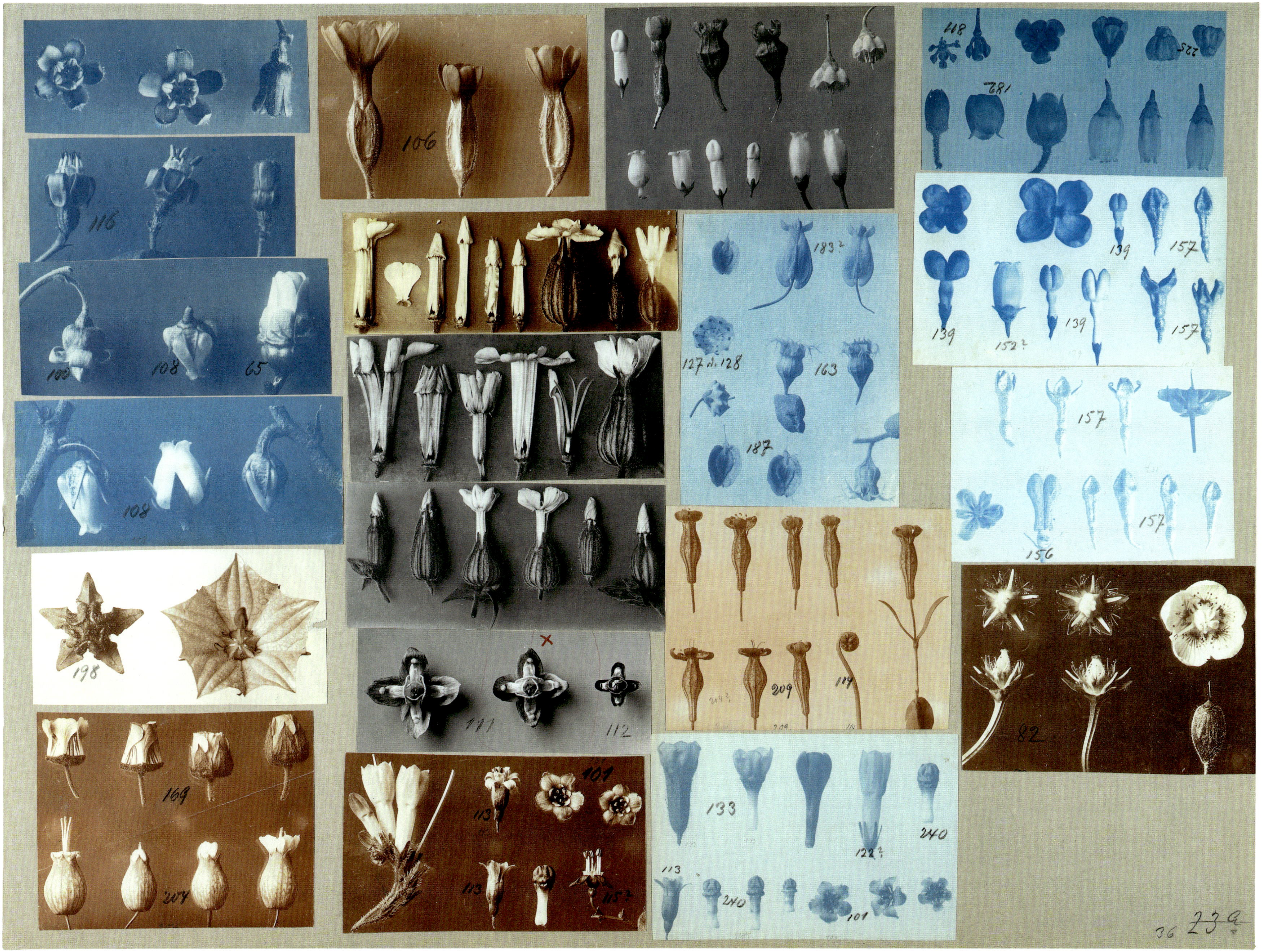

106
118
225
182
116
183²
139
157
100
108
65
127 u. 128
163
139
152²
139
157
108
187
157
156
157
198
111
112
209
114
82
169
101
113
133
240
122²
204
113
115²
113
240
101
36 23a

TAFEL 37 Ziegelrote Brennwinde, Hundszunge und Große Sterndolde

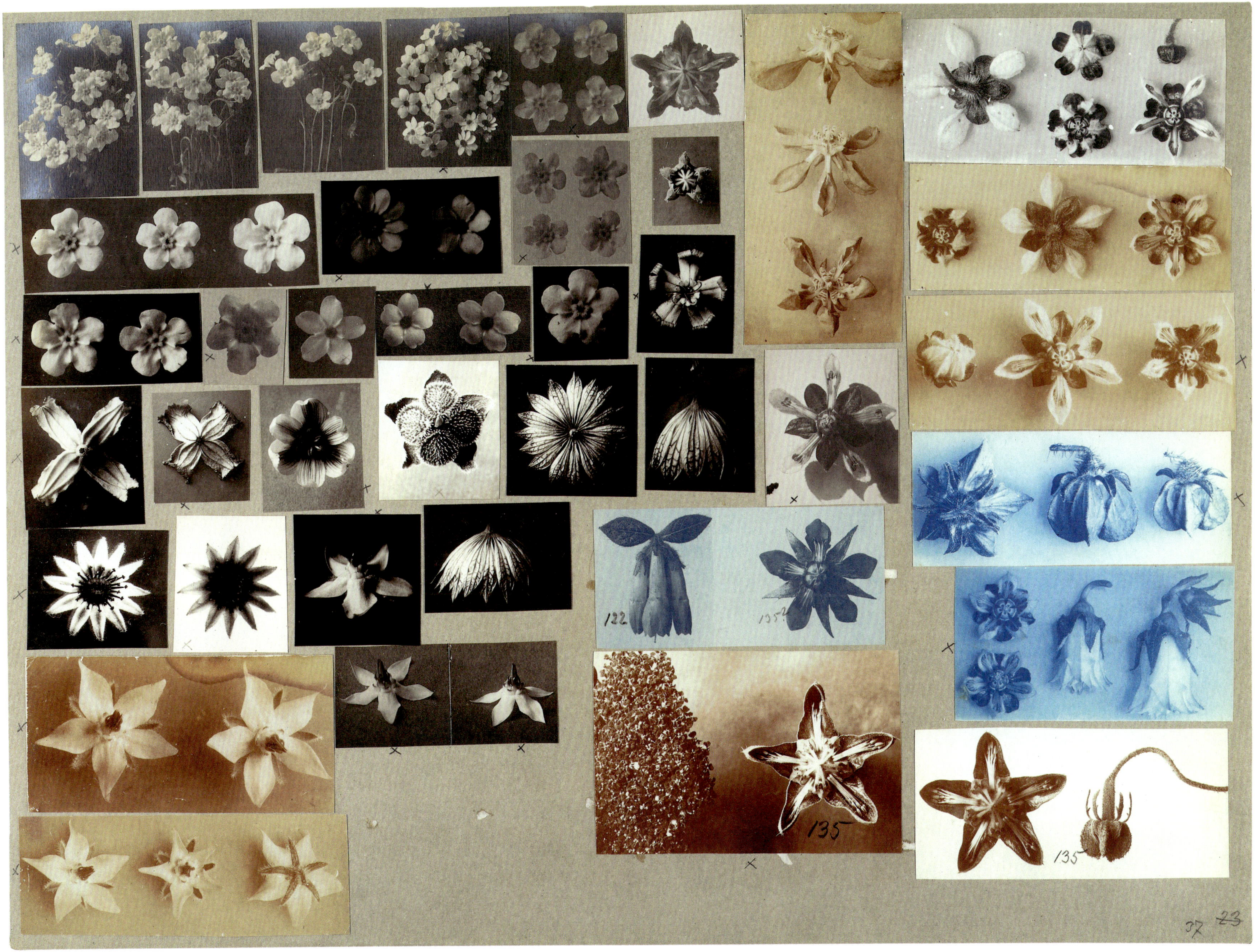
122
135
135
135
37 23

TAFEL 38 Kegelfrüchtiges Leimkraut und schwarzes Bilsenkraut

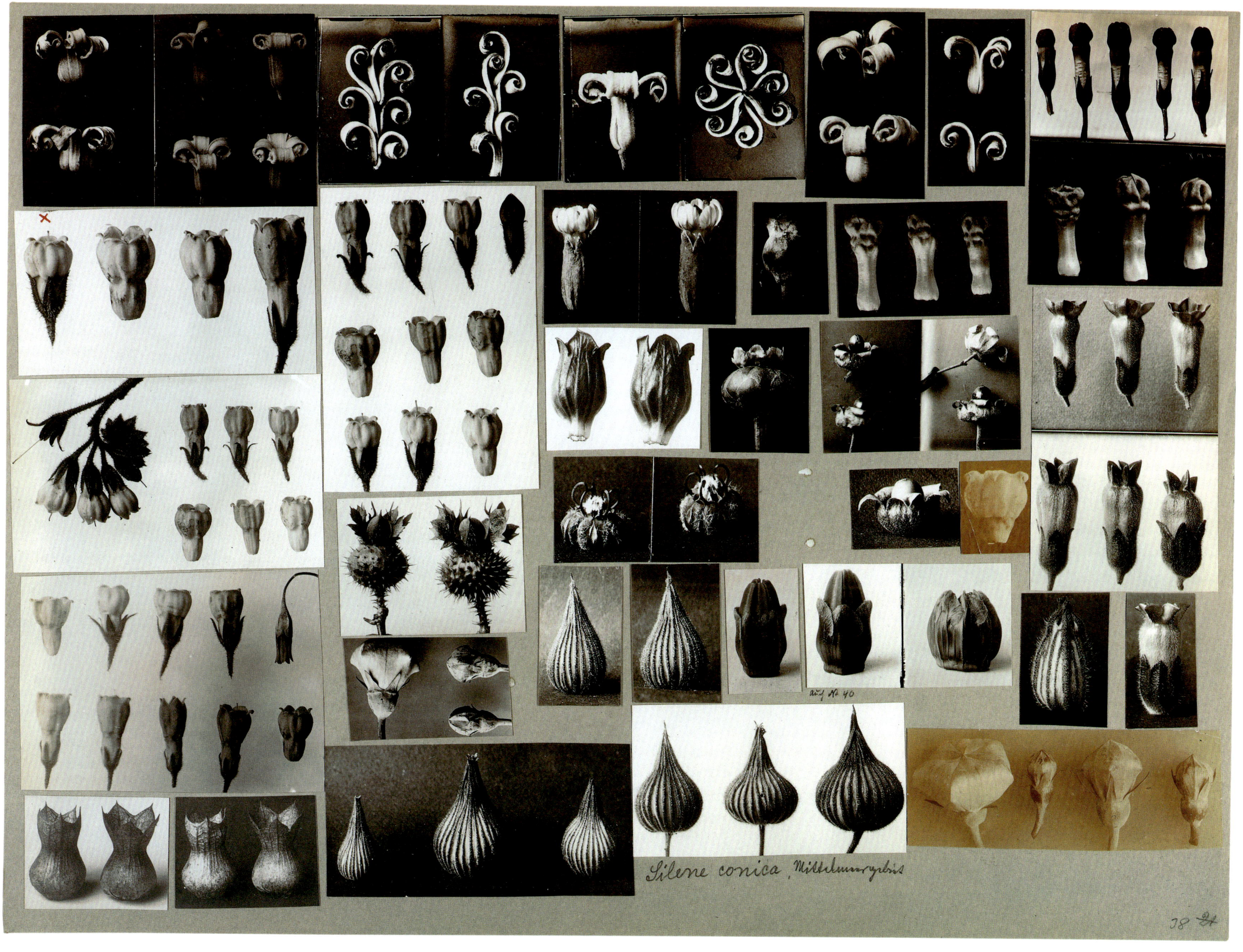
Auf Nr 40
Silene conica, Mittelmeergebiet
78

TAFEL 39 Adonis-Röschen und Kopfskabiosen

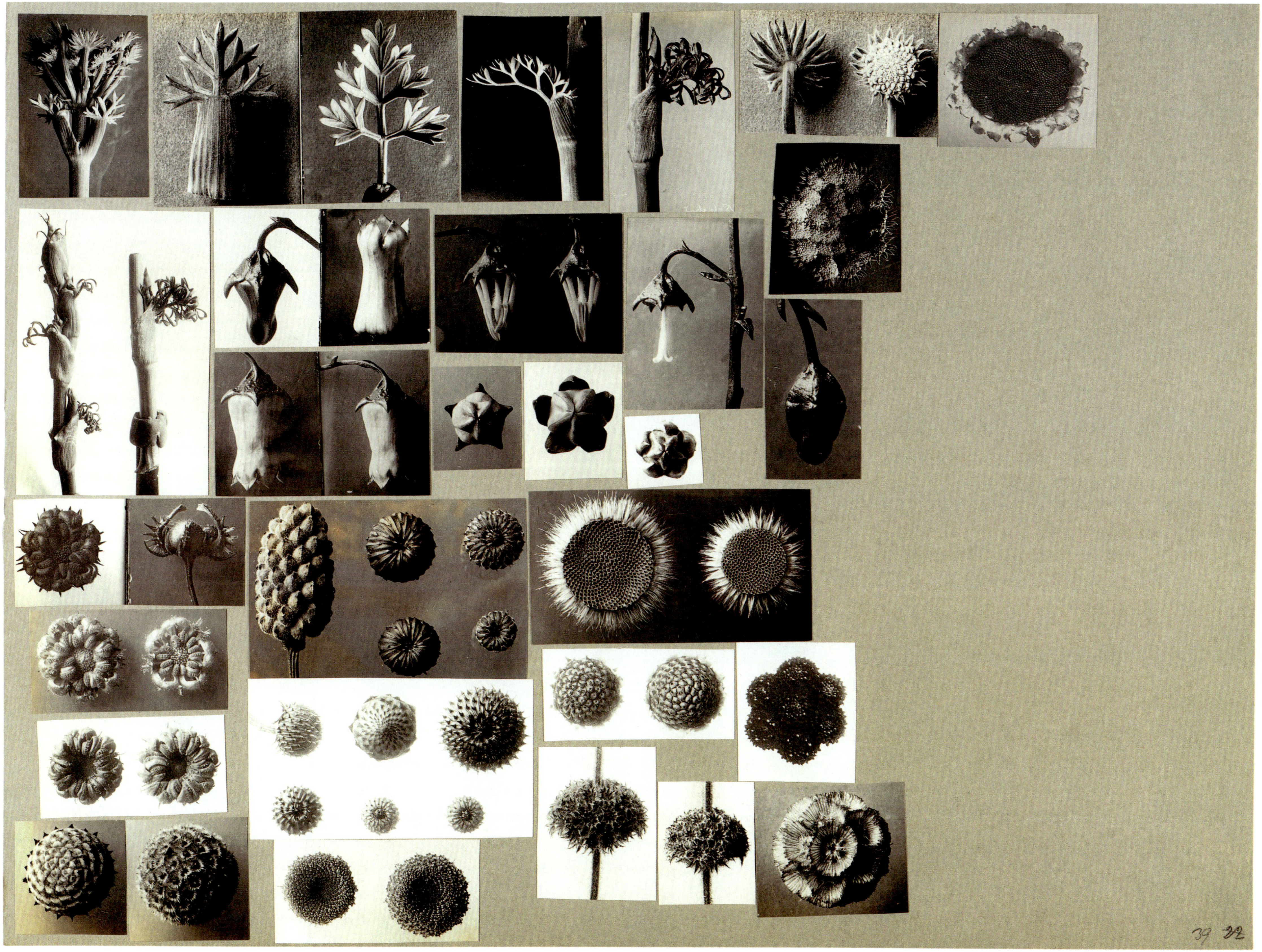
39 92

TAFEL 40 Rankende Cobaea und Skabiose-Samen

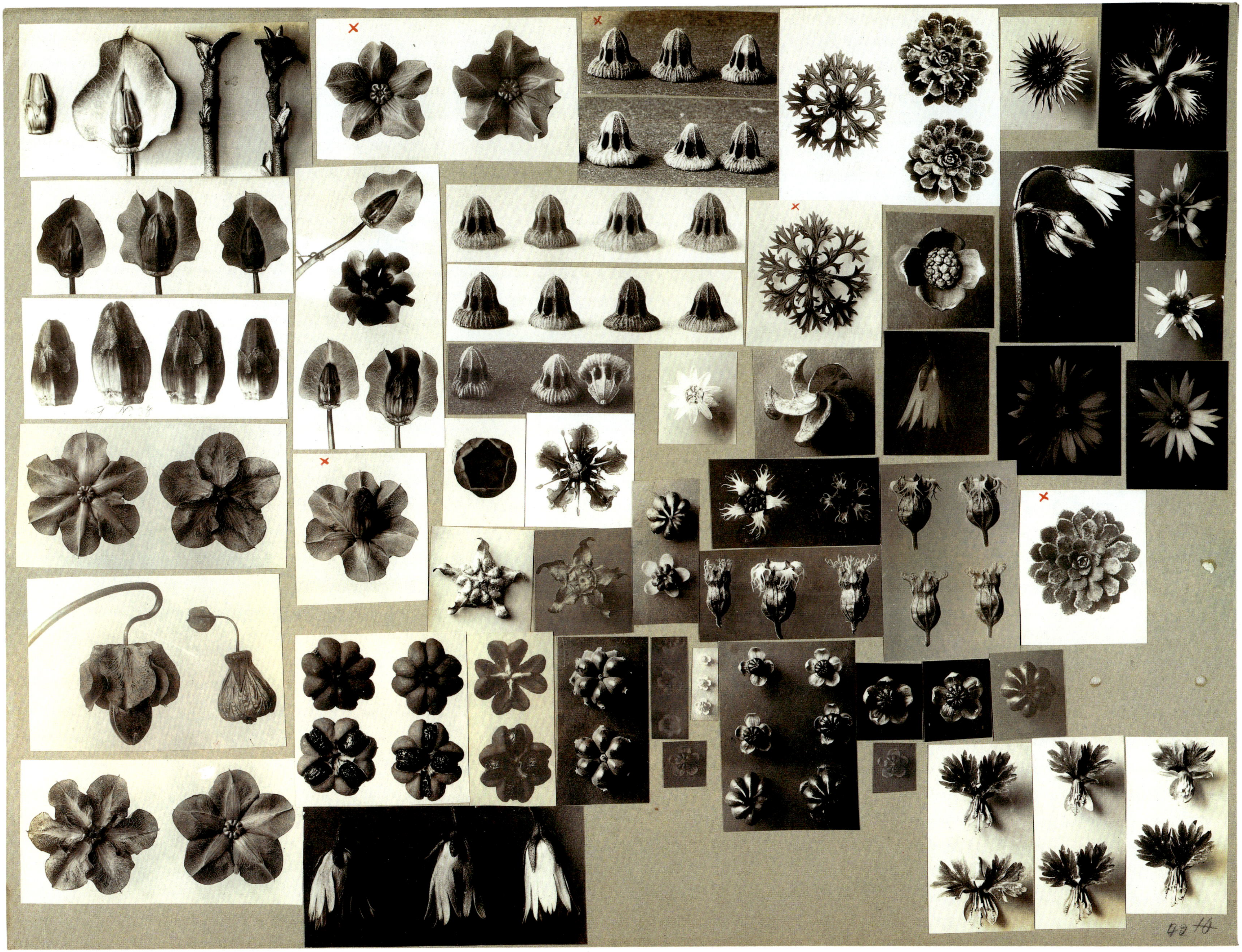

TAFEL 41 Kartoffelblüte

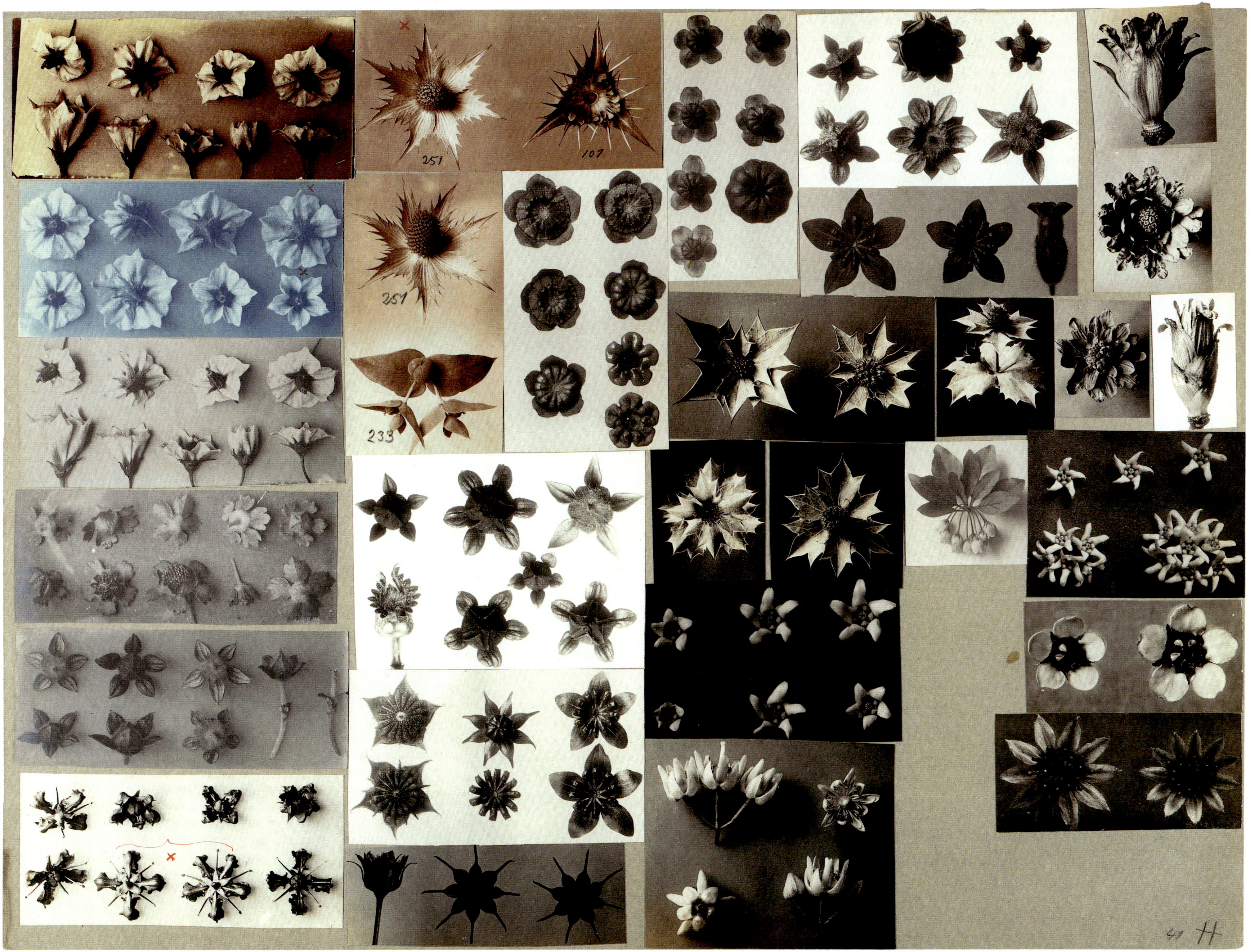

251
107
251
233
41 H

TAFEL 42 Dreiblatt

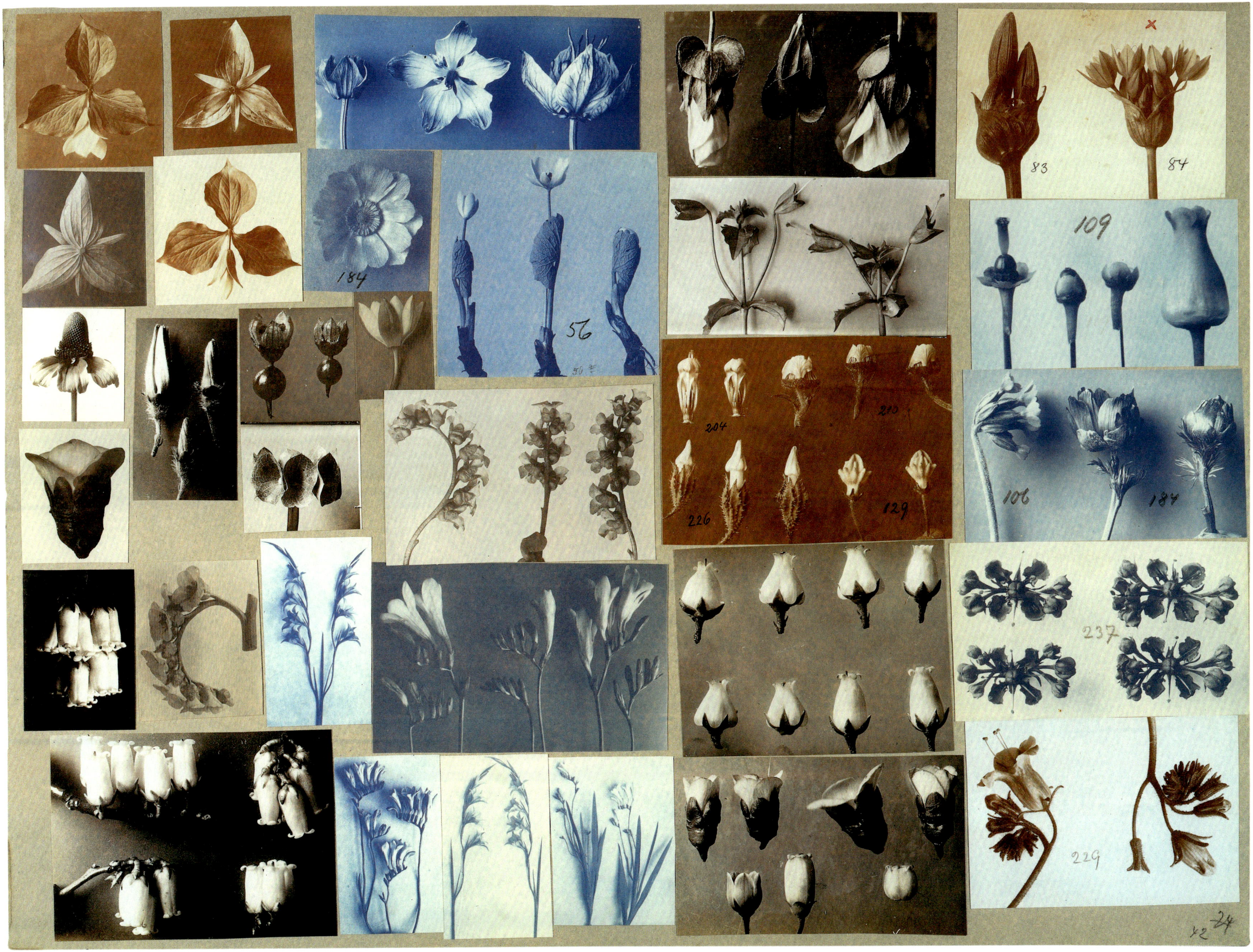
83
84
109
184
56
204
210
226
129
106
184
237
229

TAFEL 43 Bilsenkraut, Kornelle und Lichtnelke

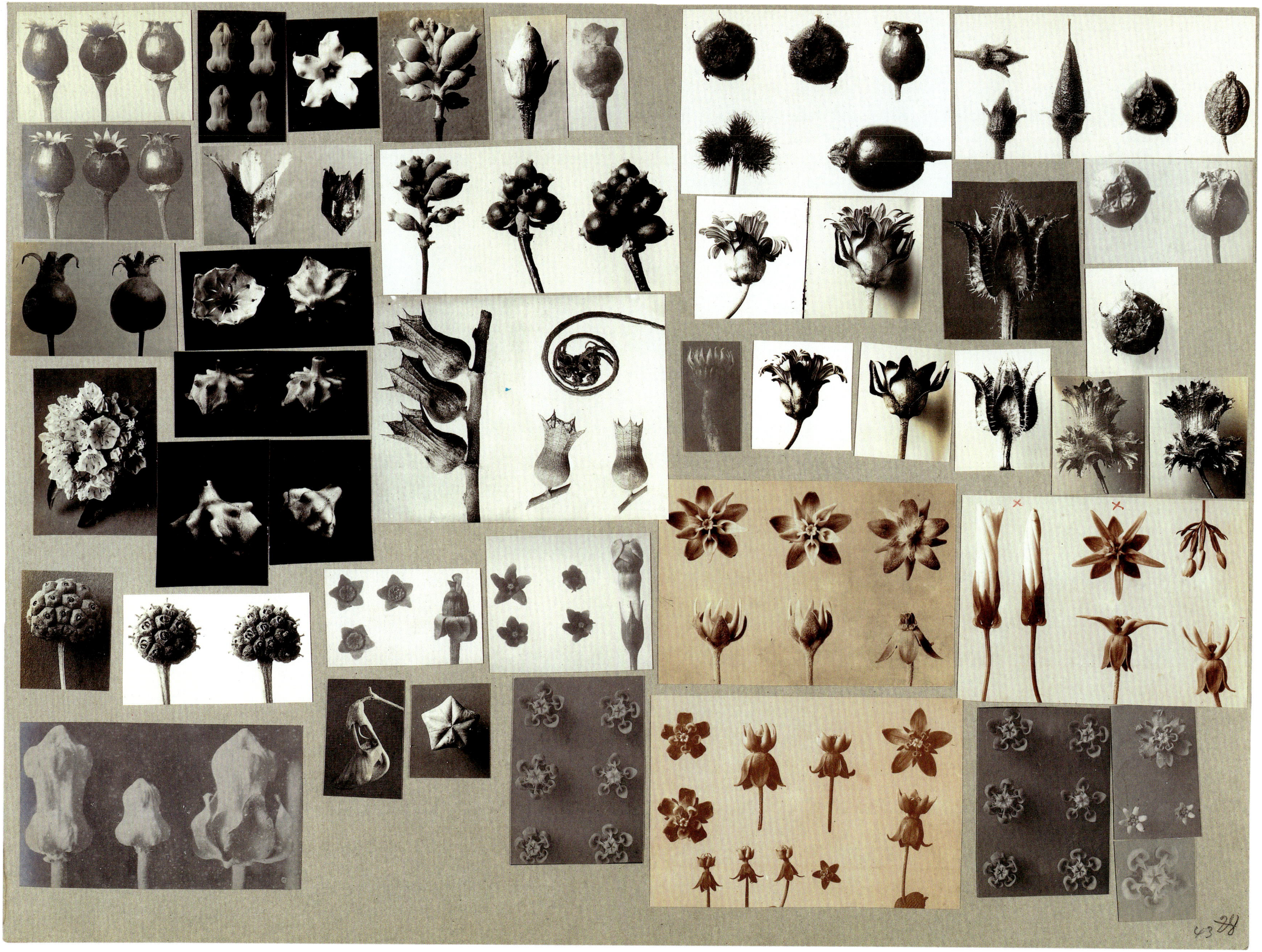

TAFEL 44 Eisenhut

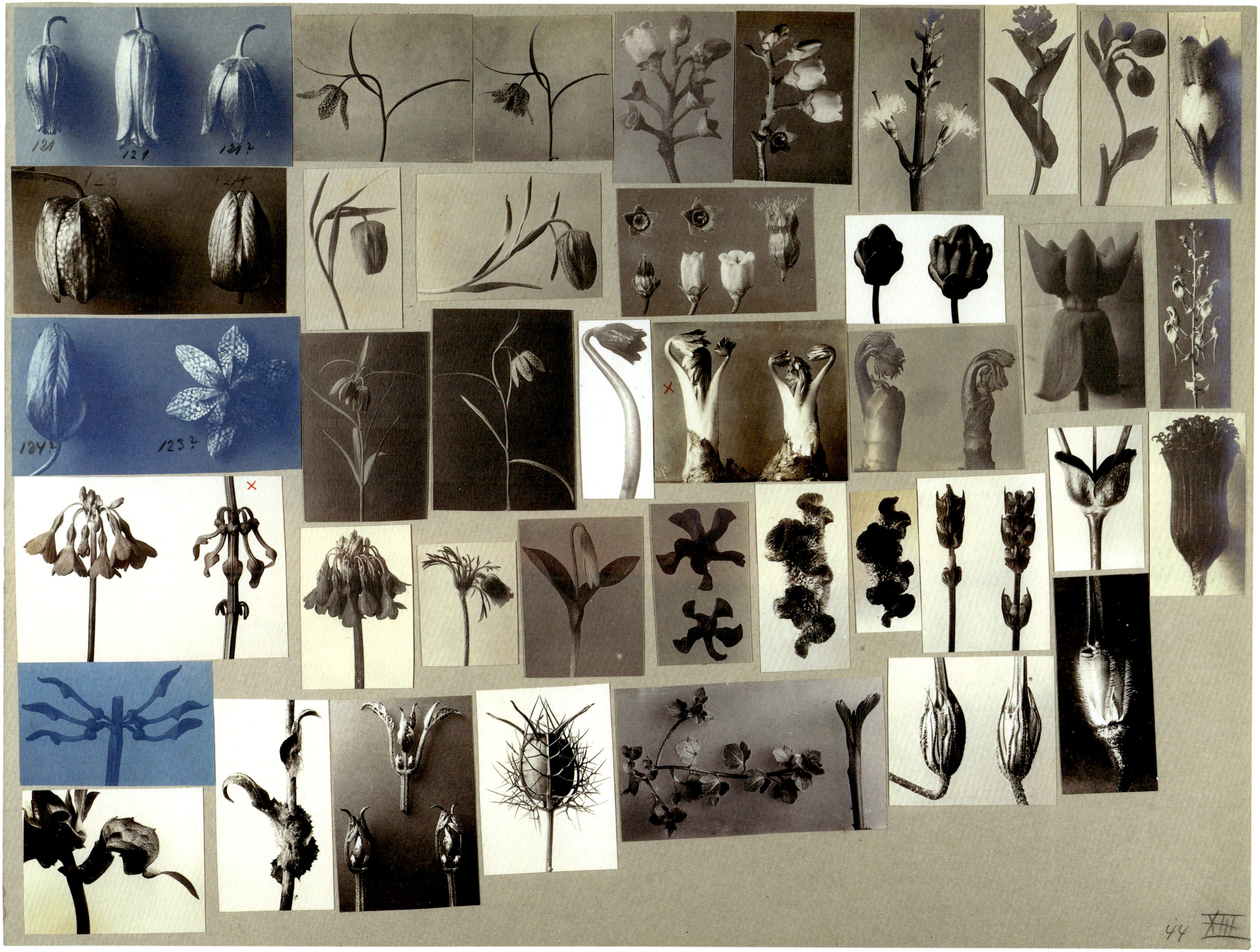
44 XIII

TAFEL 45 Glockenblumen

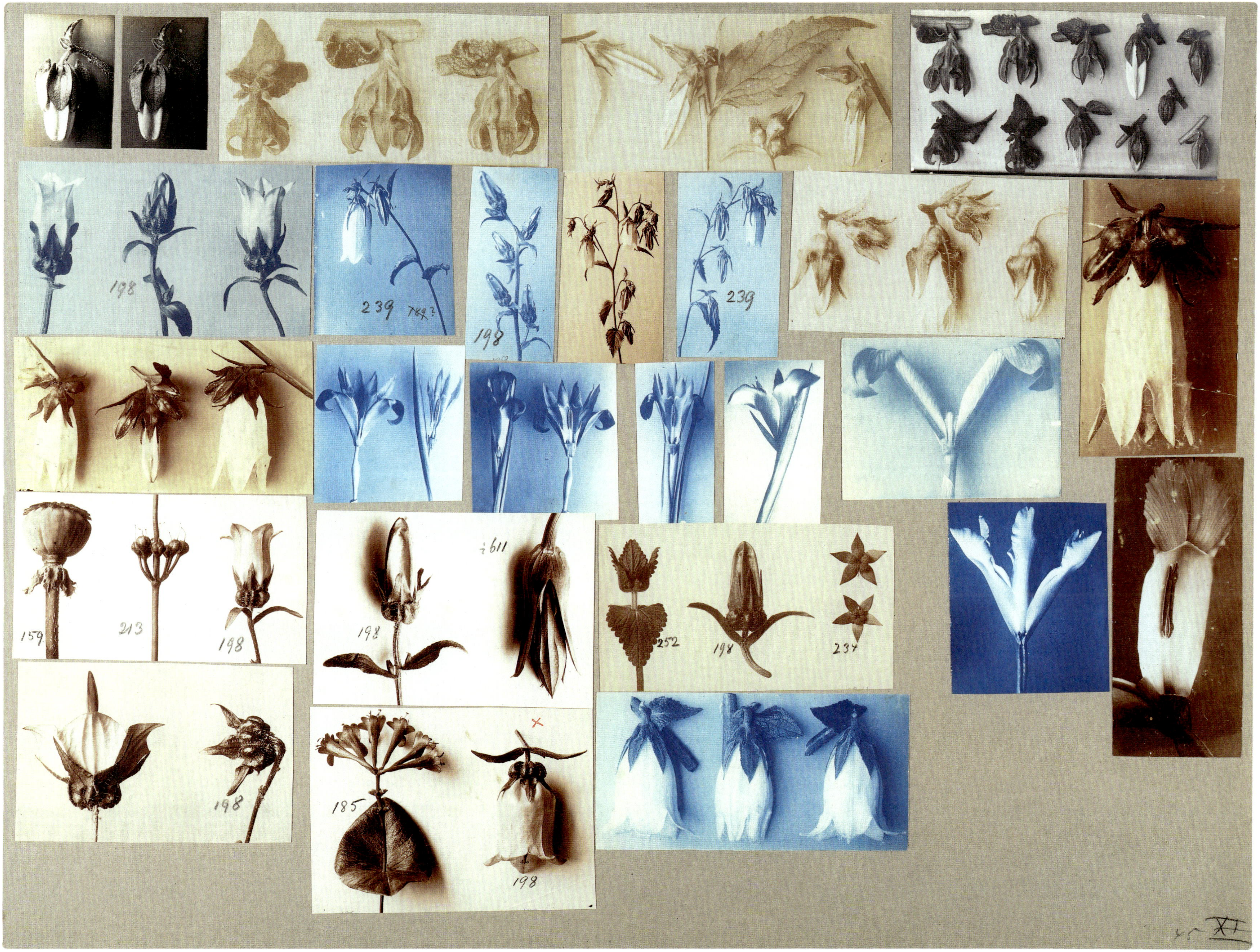
198
239
198
239
159
213
198
198
252
198
234
198
185
198
XI

TAFEL 46 Bach-Nelkenwurz

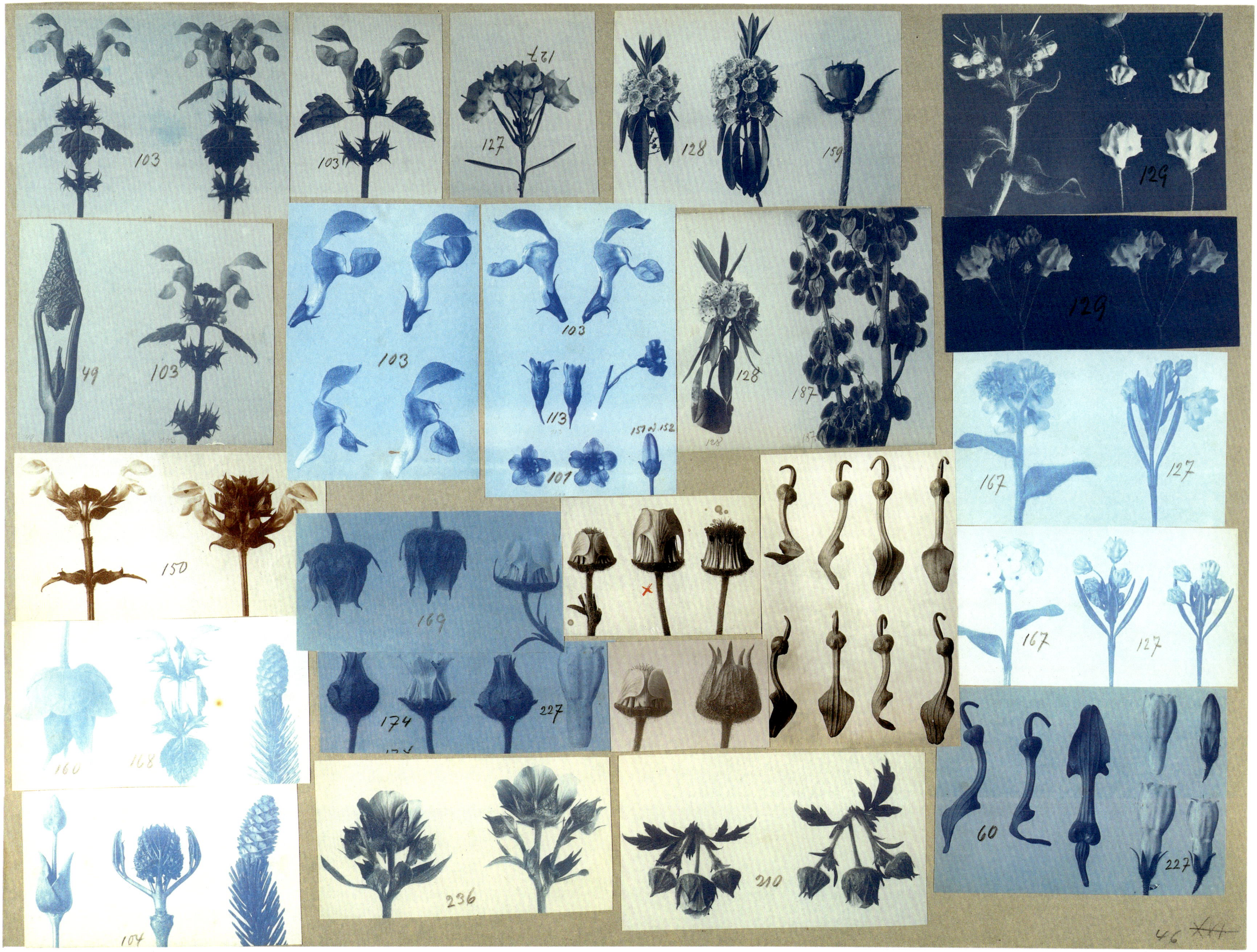
103
103
127
128
159
129
49
103
103
103
113
107
128
187
129
167
127
150
169
174
227
167
127
160
168
104
236
210
60
227
46

TAFEL 47 Blüten

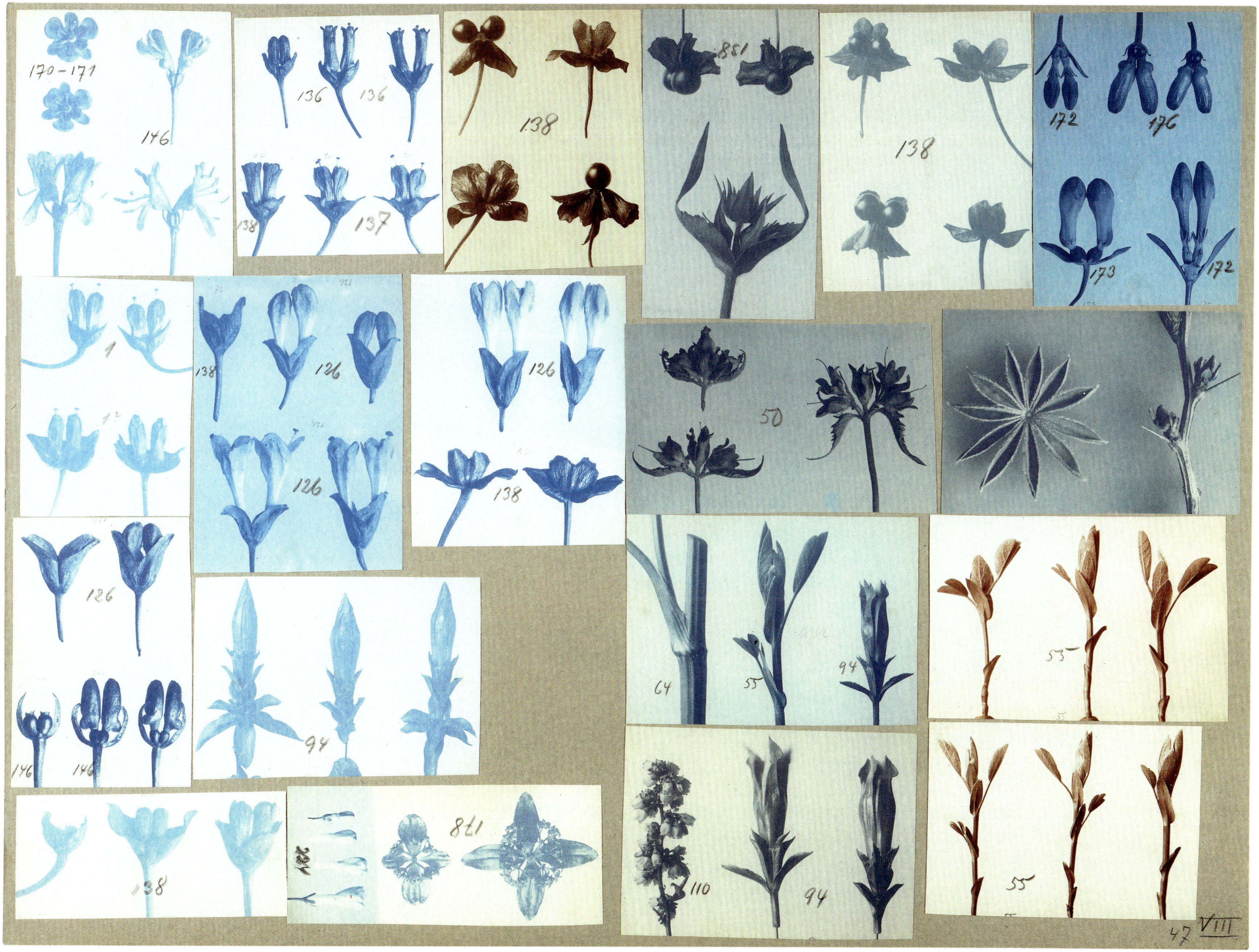

170-171
146
136
136
138
137
138
138
172
176
173
172
126
126
126
138
50
126
146
146
94
64
55
94
53
138
110
94
55
47 VIII

TAFEL 48 Salbei

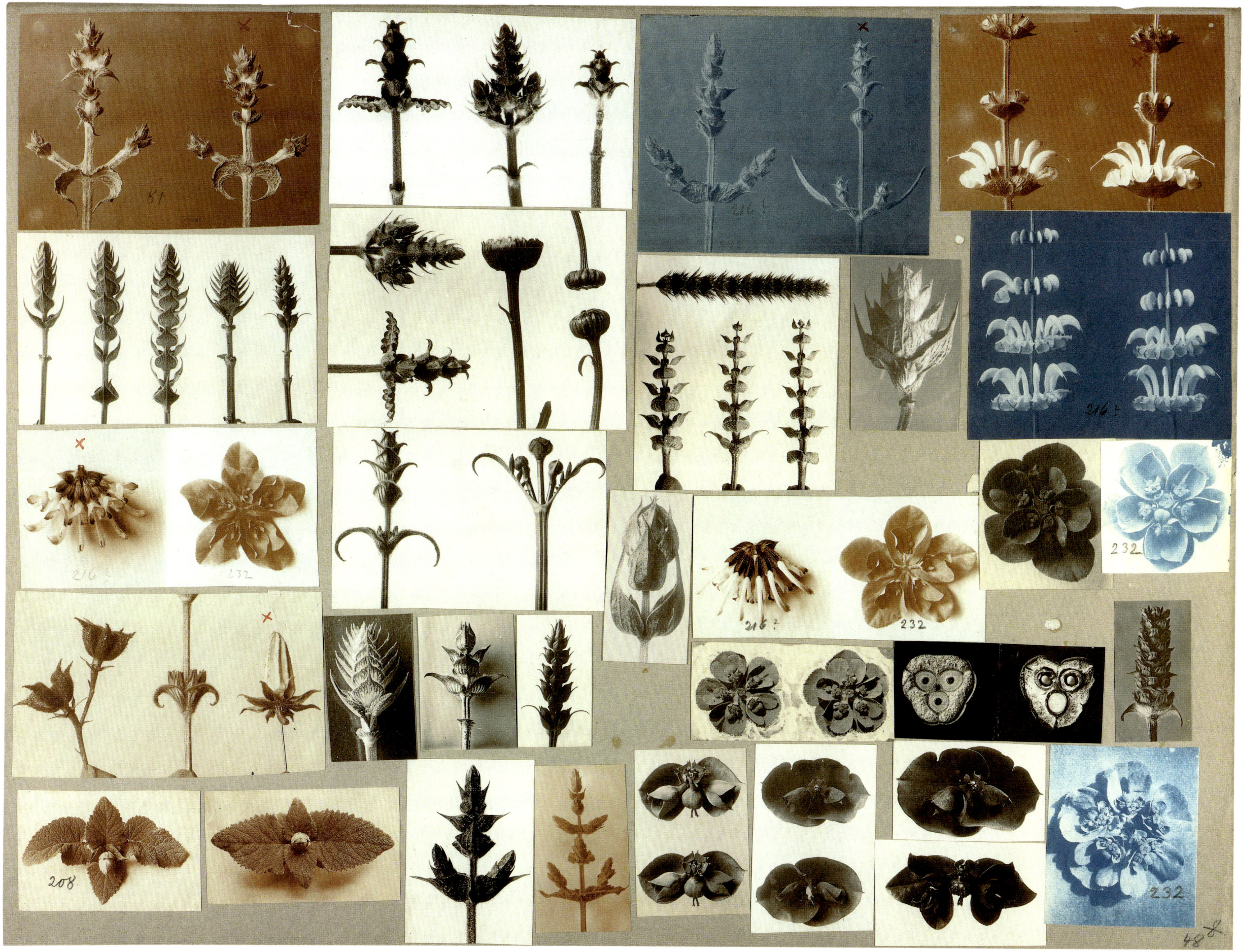

84
216?
216?
216?
216?
232
232
232
232
208
48

TAFEL 49 Anemone, Hyazinthe und Pestwurz

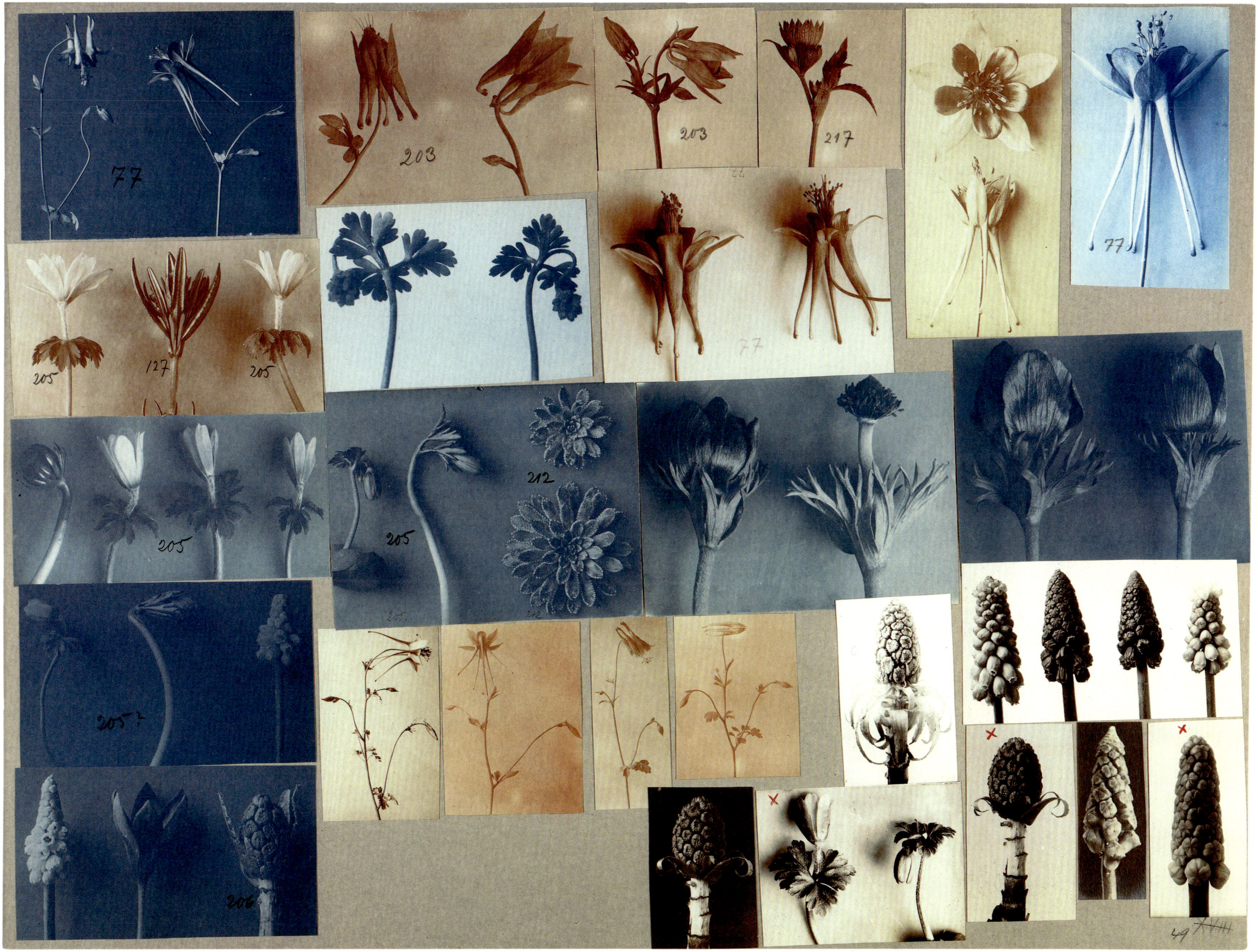
77
203
203
217
77
127
205
205
205
205
212
205
205²
206
49 XVIII

TAFEL 50 Heidekraut

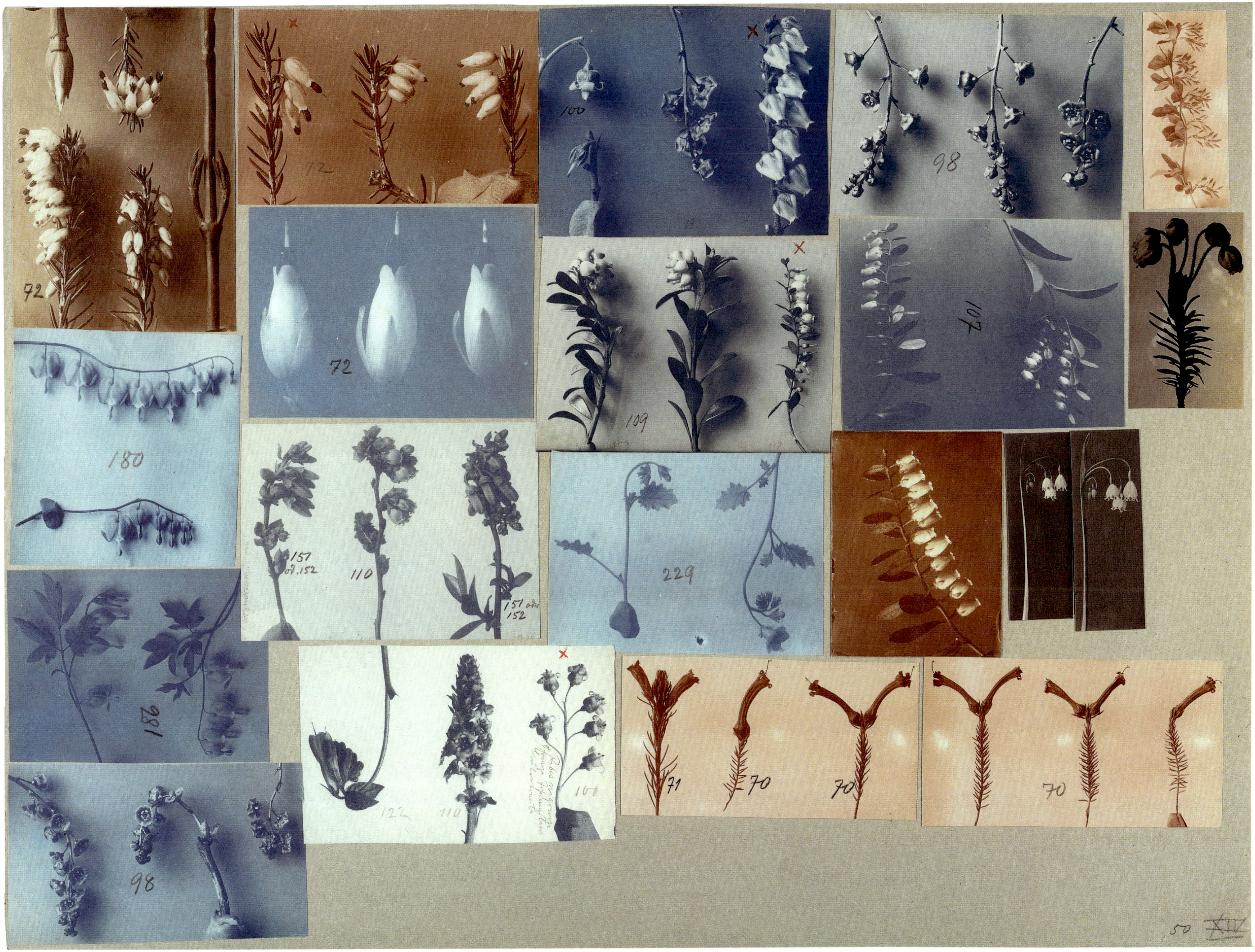

50 XIV

TAFEL 51 Osterluzei

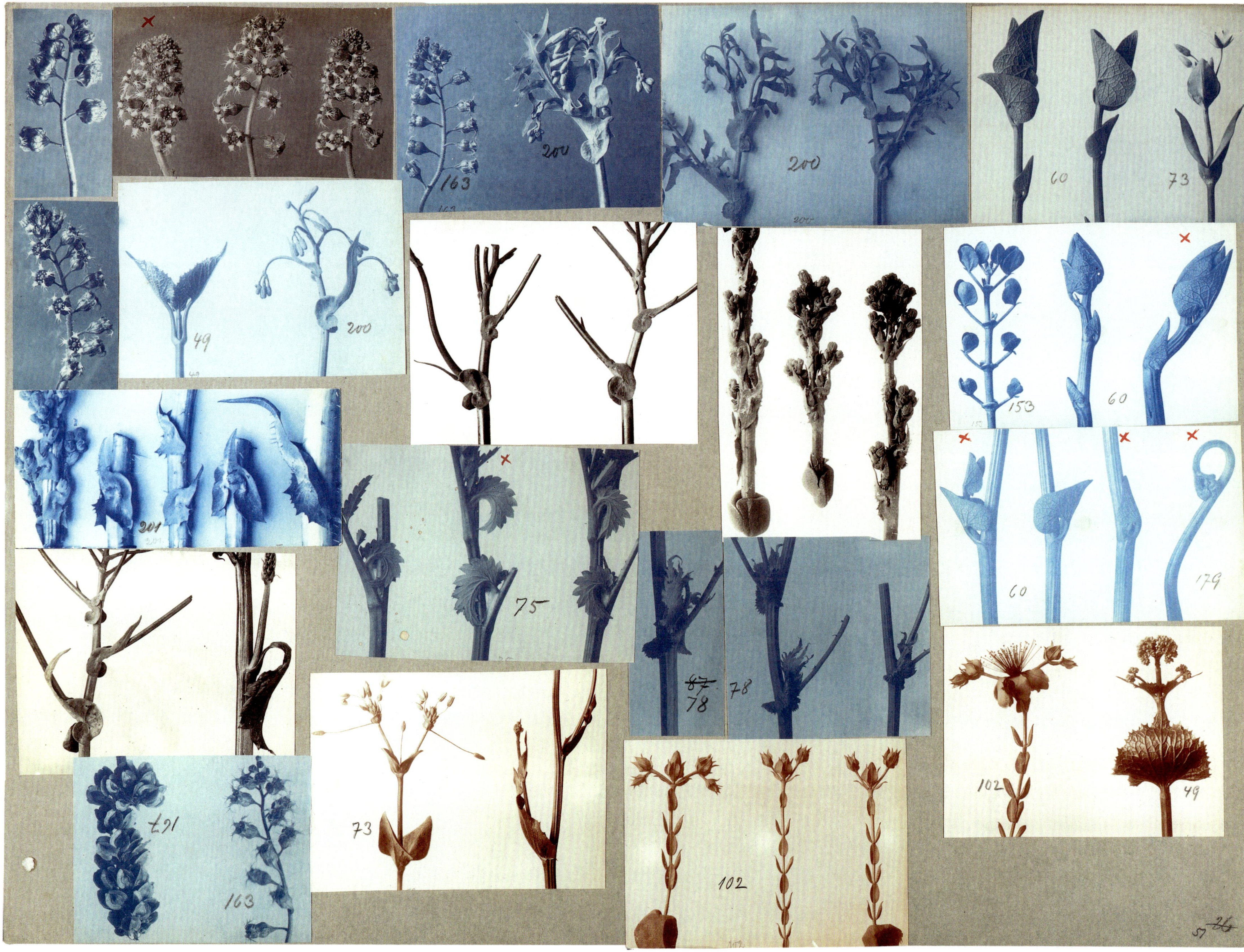
163
200
200
60
73
49
200
153
60
201
75
60
179
87
78
78
102
49
163
73
102

TAFEL 52 Japanische Primel und Zwergmispel

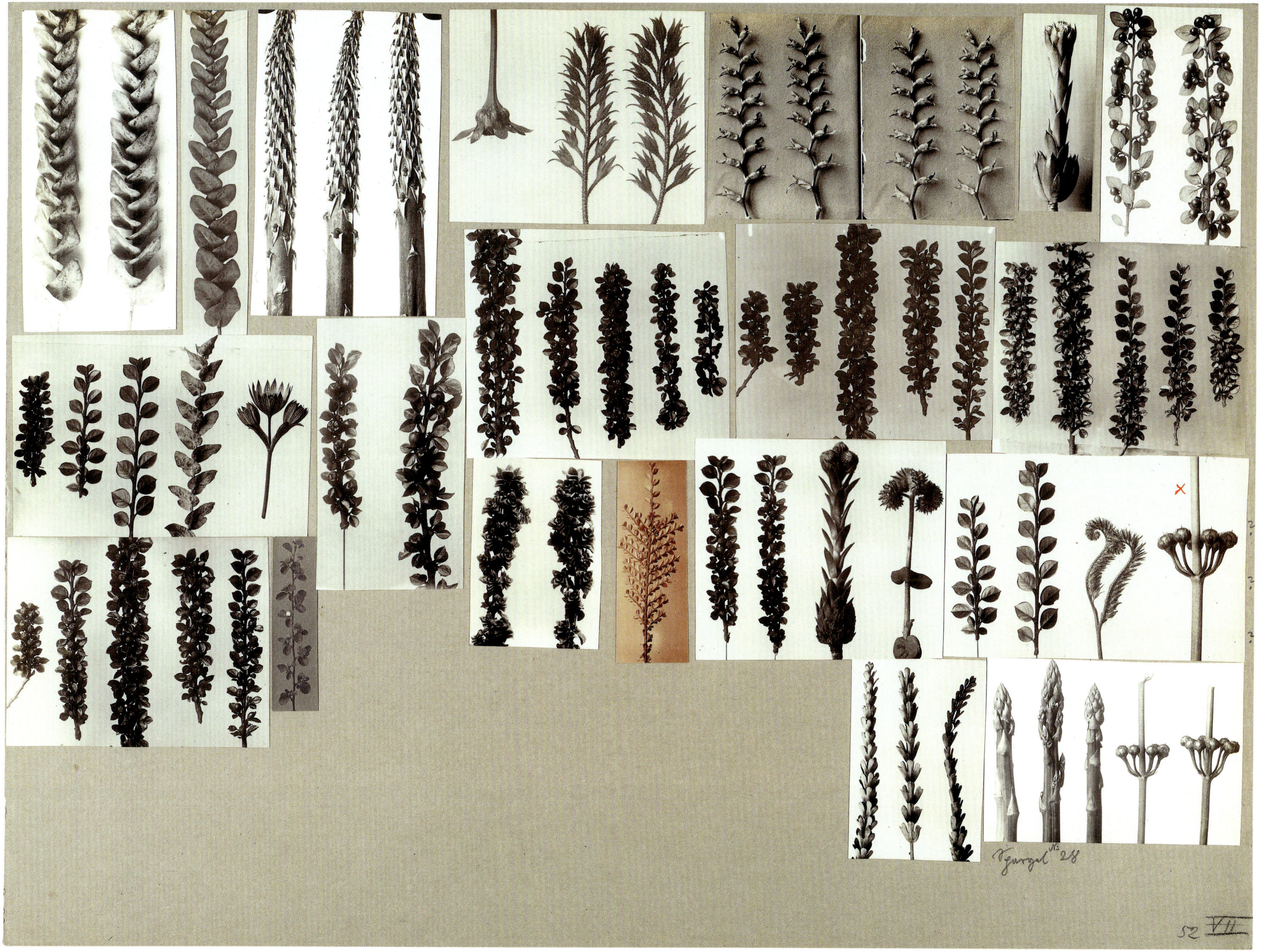
Spargel Nr. 28
52 VII

TAFEL 53 Nadelhölzer

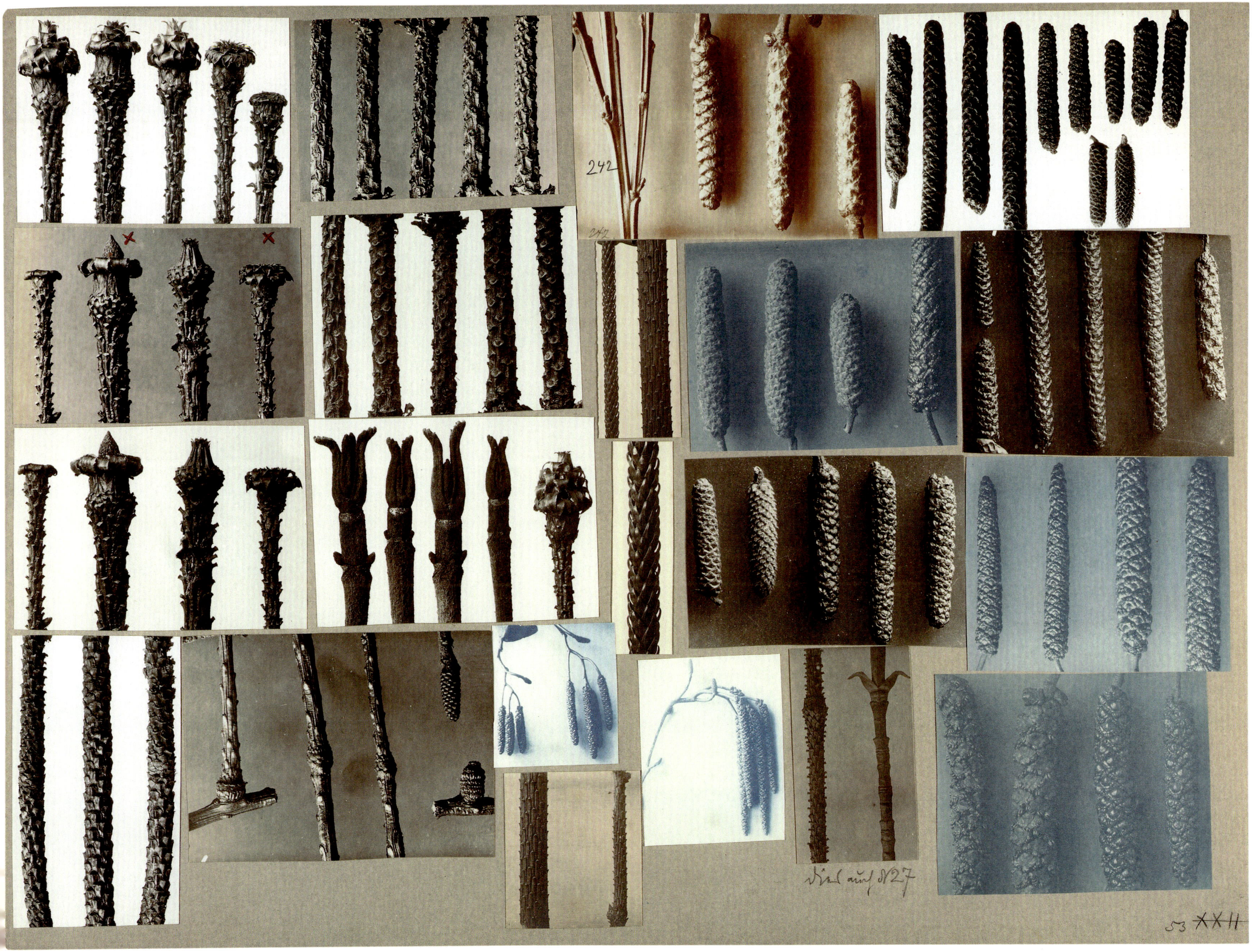

242
242
53 XXII

TAFEL 54 Kürbisranken und Zaunrübe

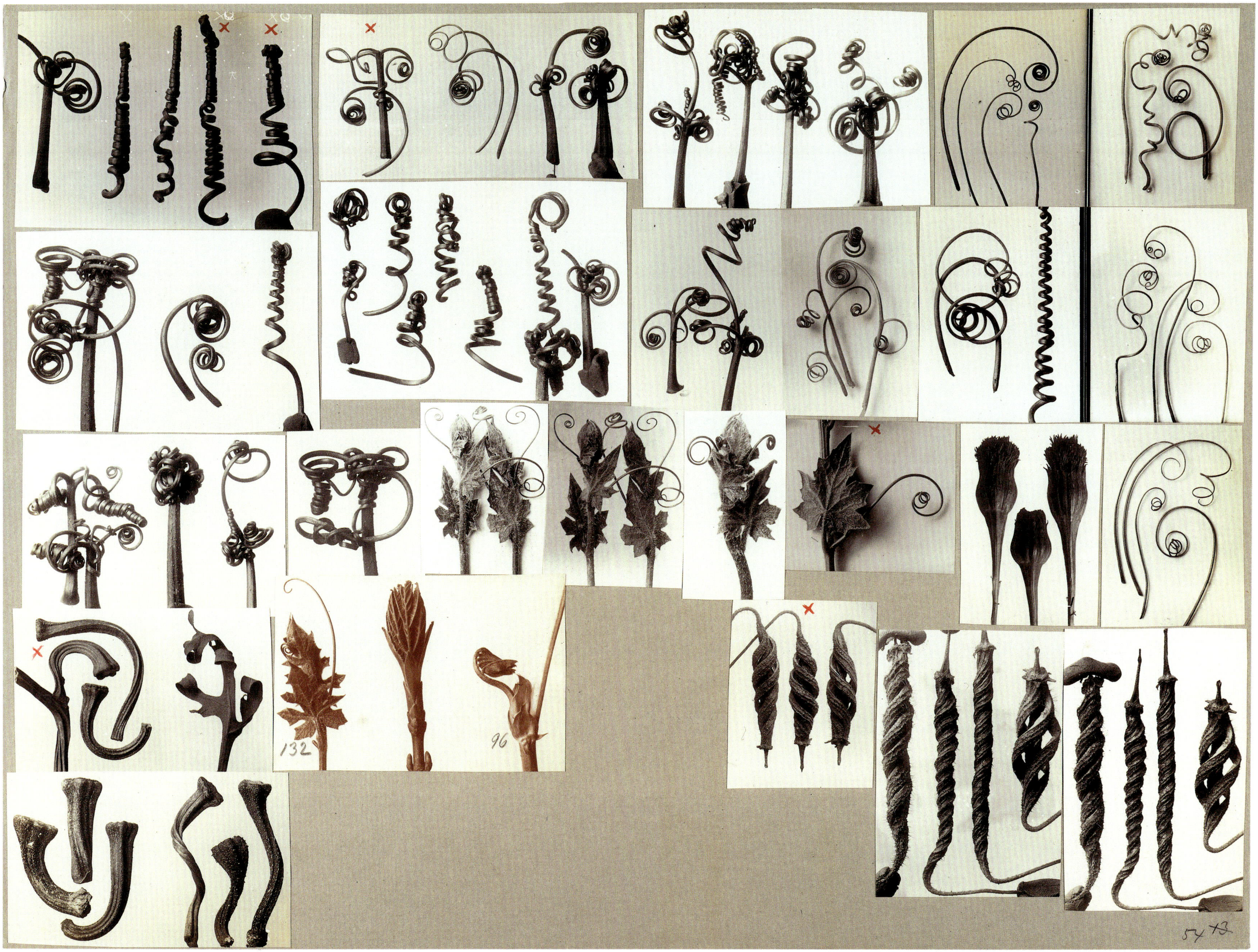
132
96

TAFEL 55 Hundszunge und Kleestrauch

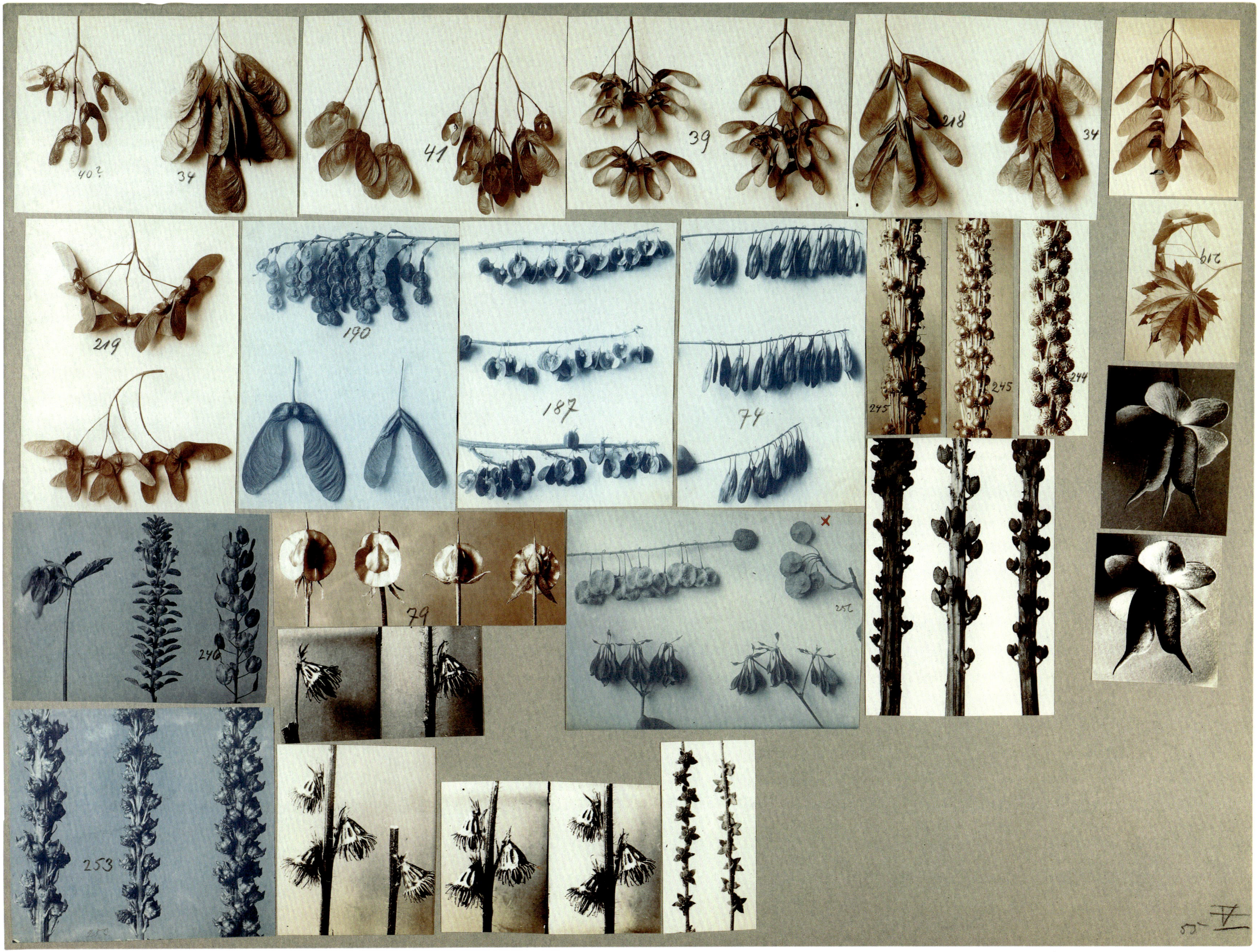
40?
34
41
39
218
34
219
190
187
74
245
245
244
219
240
79
253

TAFEL 56 Getreide

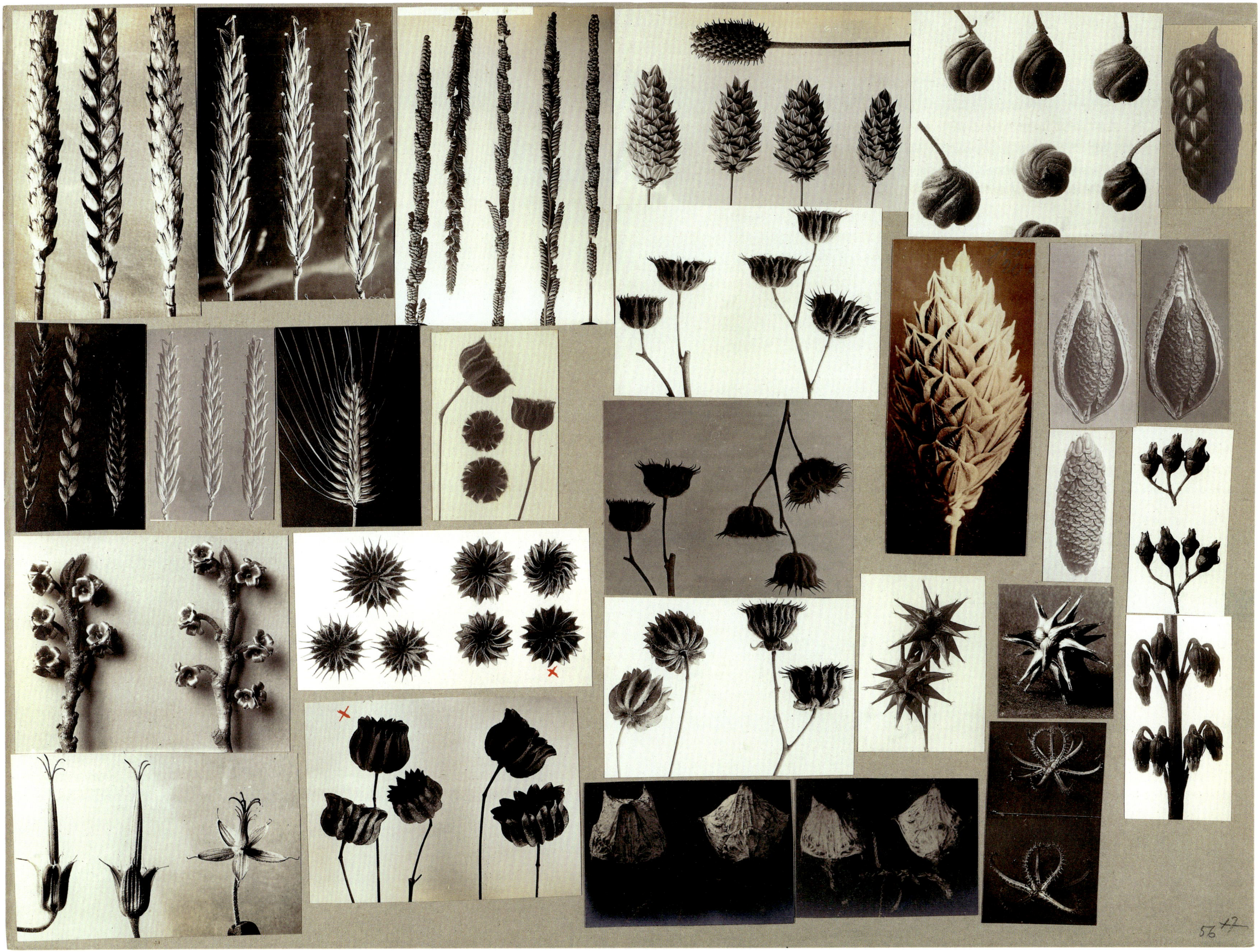

TAFEL 57 Winterling und lauchblätteriger Bocksbart

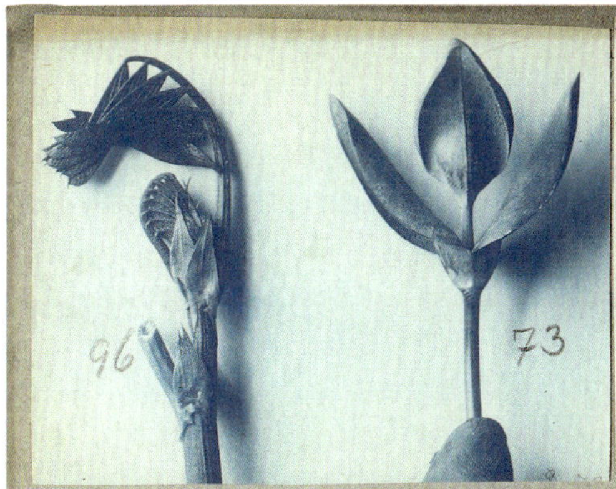
96
73
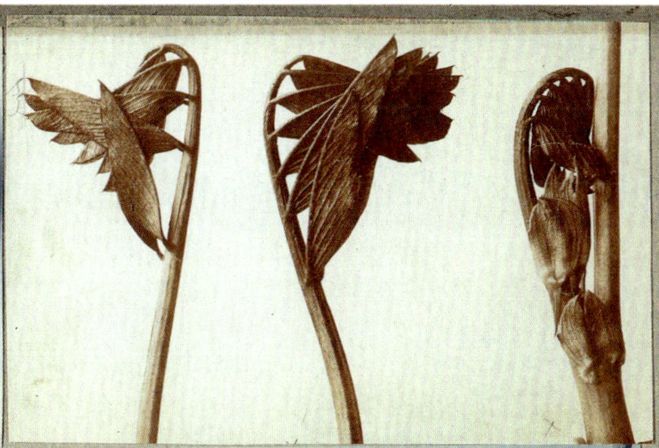
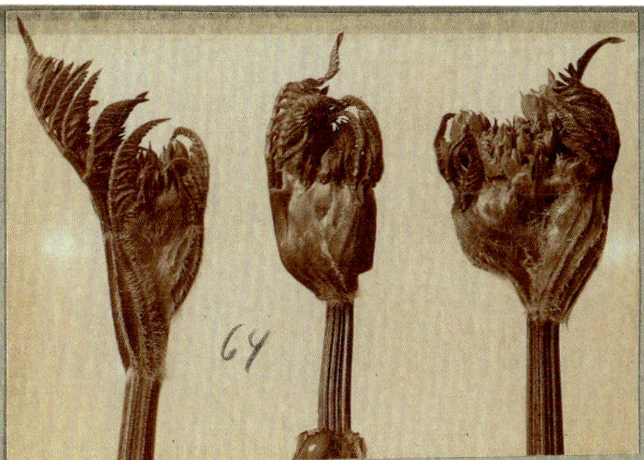
64
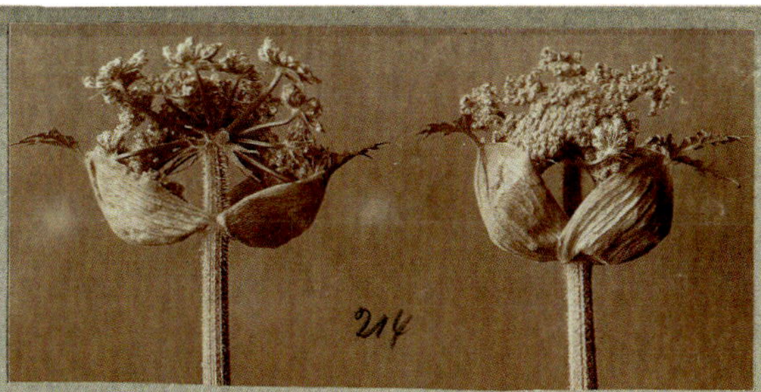
214
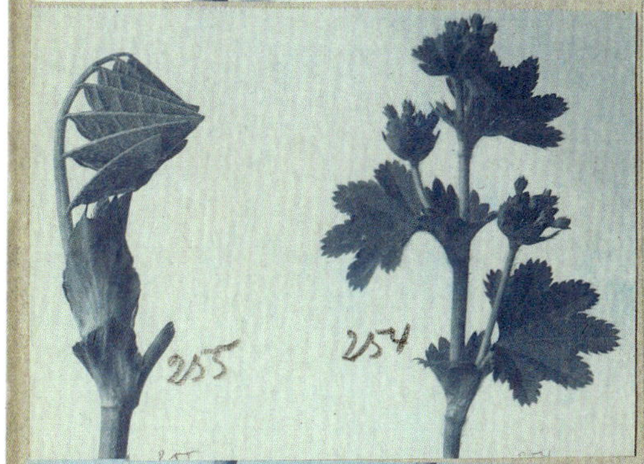
255
254
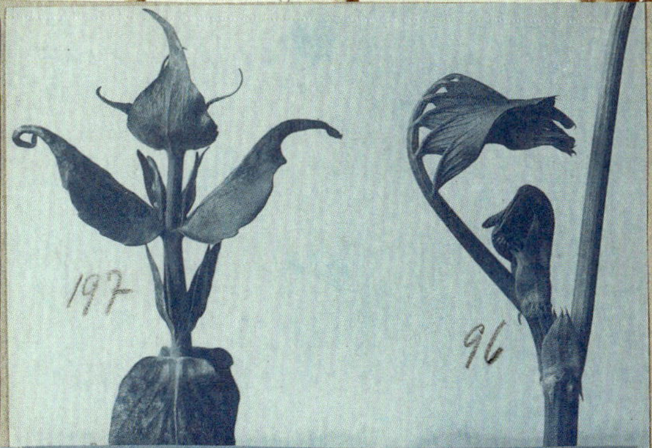
197
96
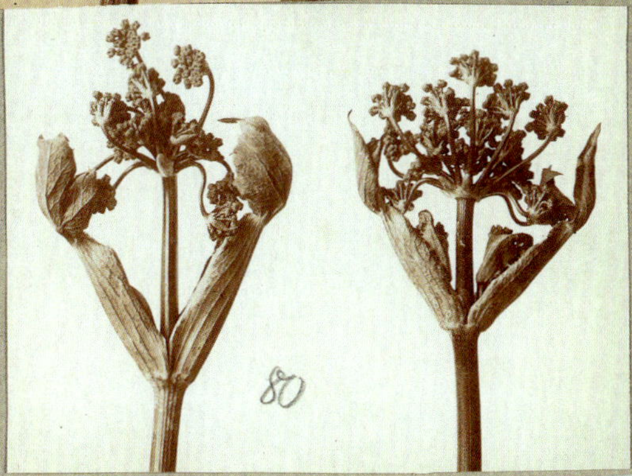
80
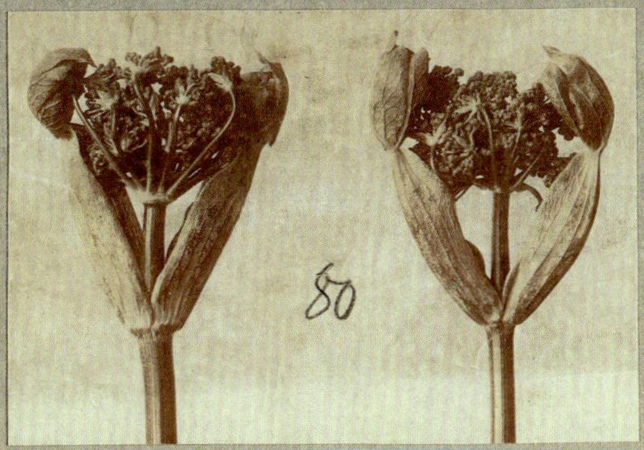
80
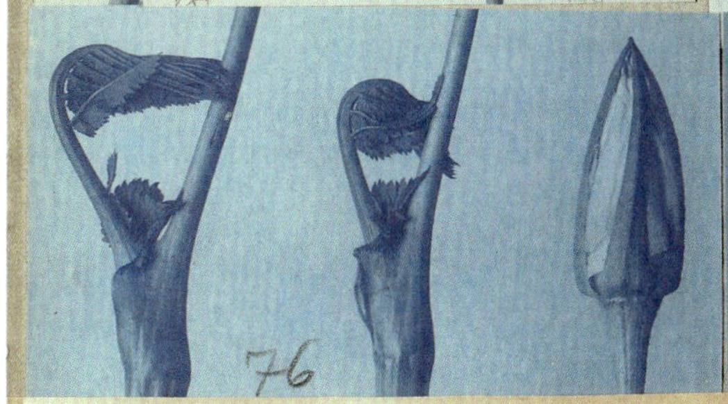
76
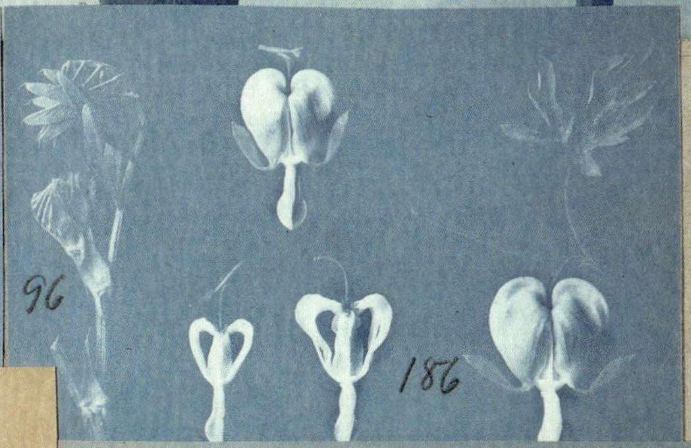
96
186
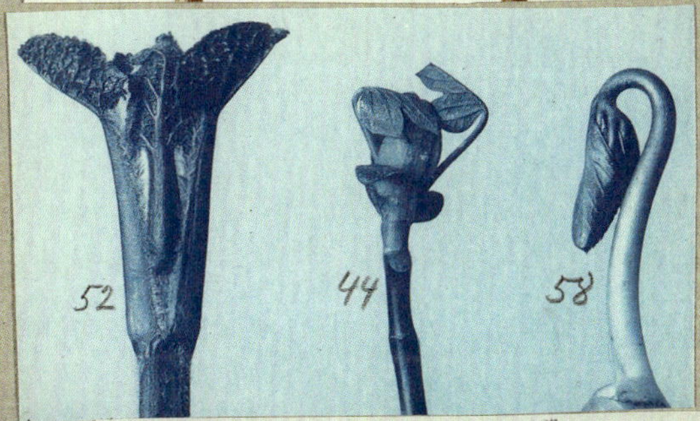
52
44
58
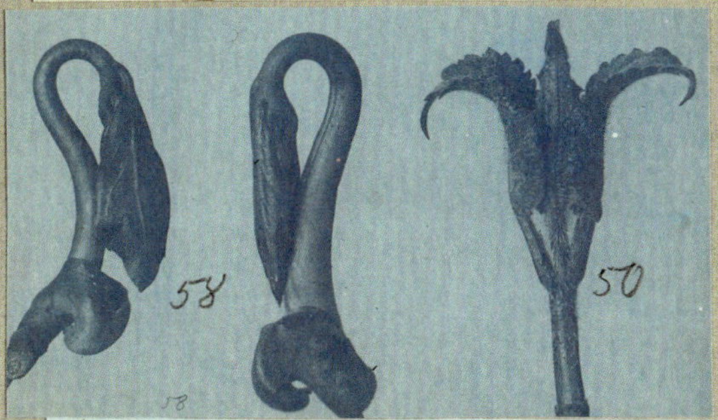
58
50
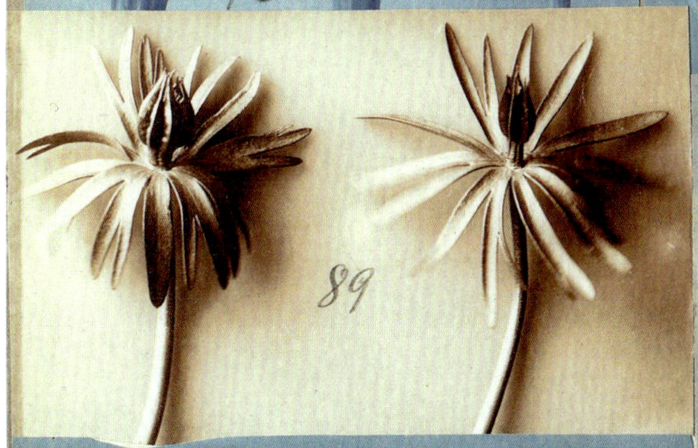
89
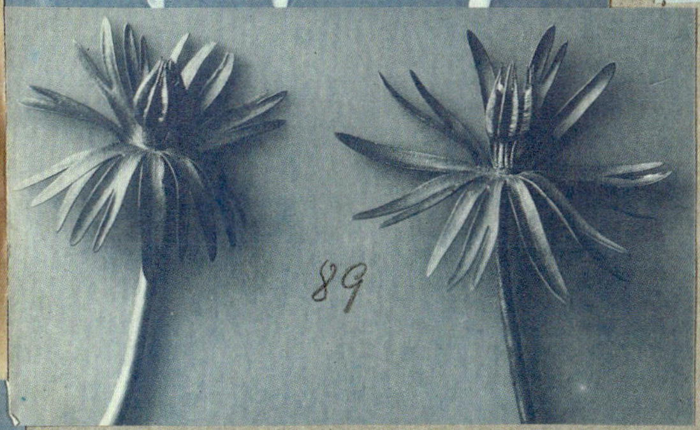
89
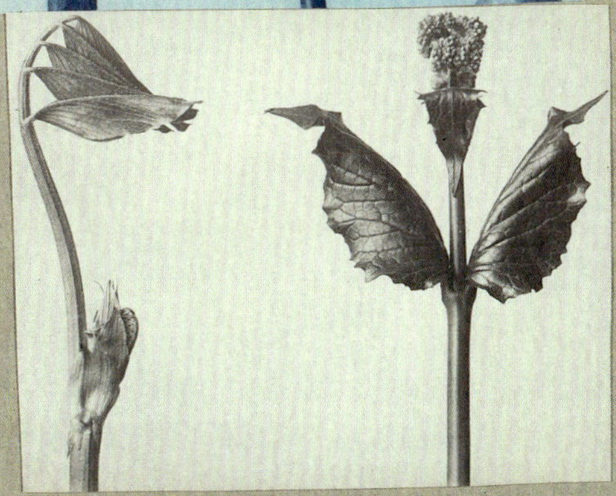
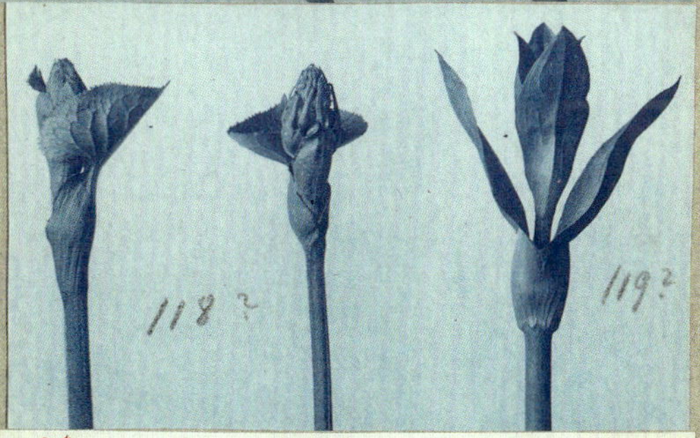
118
119
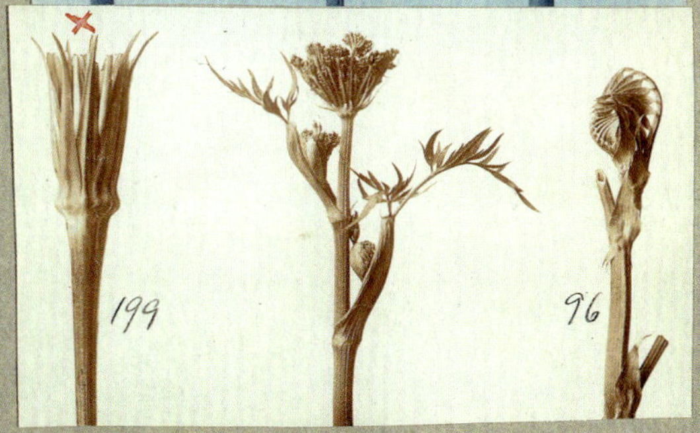
199
96
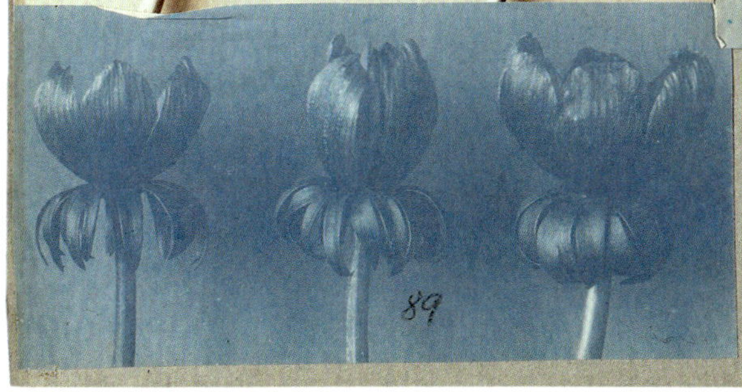
89

TAFEL 58 Großblumige Brunelle

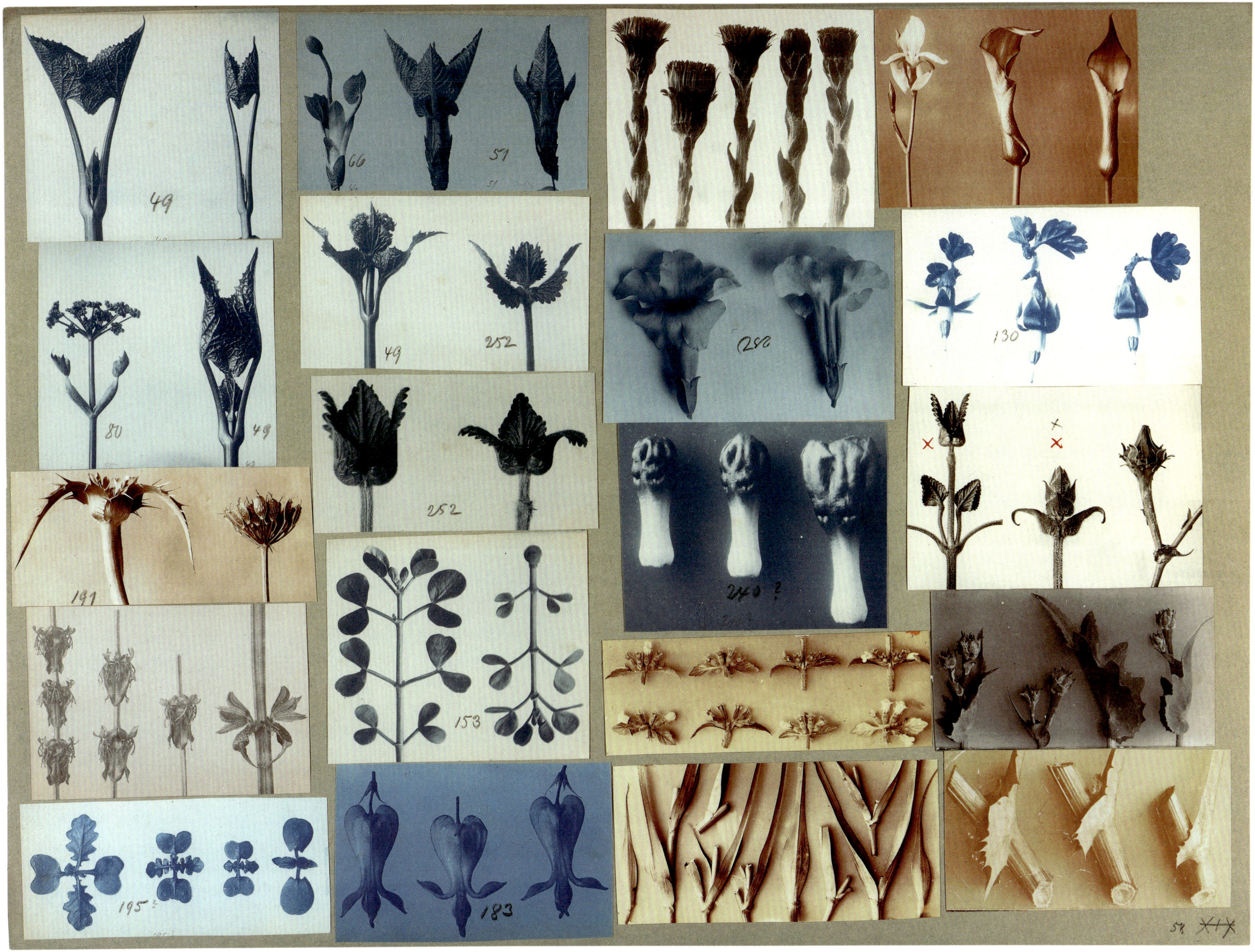
49
66
51
49
252
80
49
252
191
153
195
183
130
240 ?
58 XIV

TAFEL 59 Schwalbenwurz

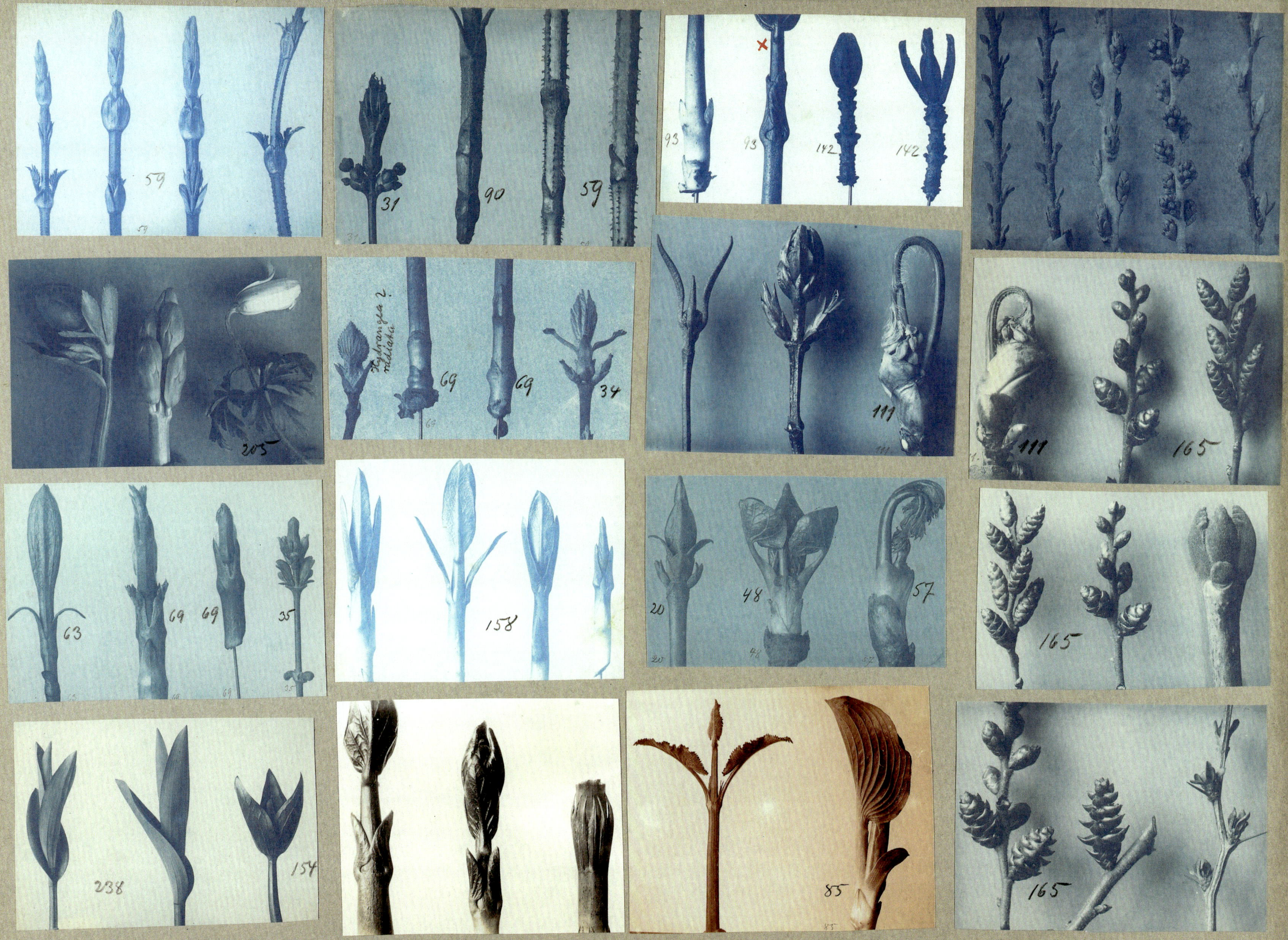
59
31
90
59
93
93
142
142
69
69
34
111
205
111
165
63
69
69
35
158
20
48
57
165
238
154
85
165

59 IV

TAFEL 60 Ananas

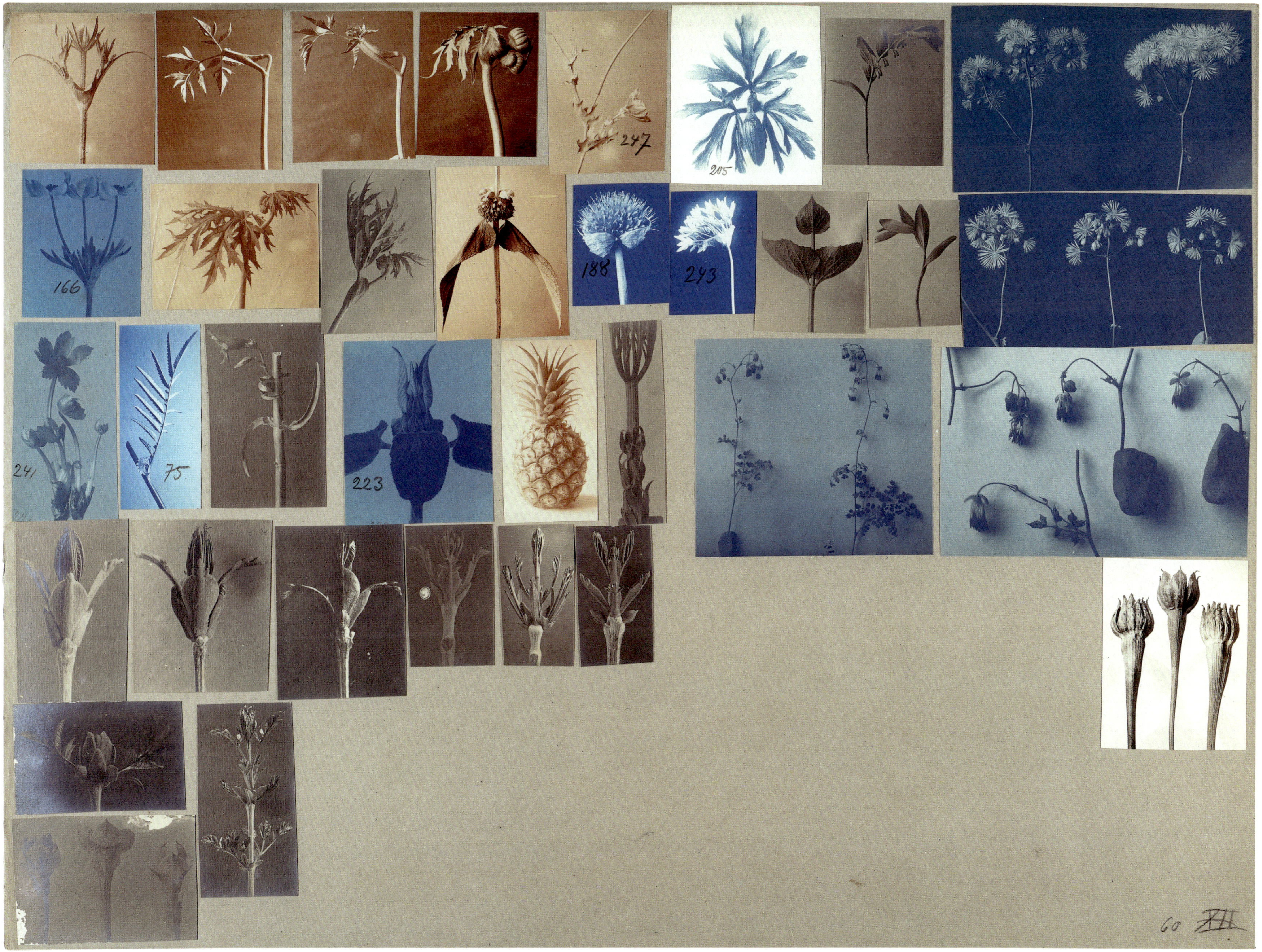
247
205
166
188
243
241
75
223
60 XII

TAFEL 61 Bilsenkraut, Ruthenische Flockenblume und Steinbrech

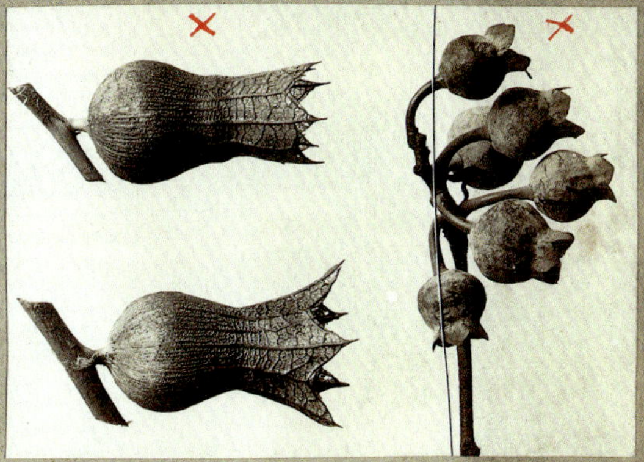

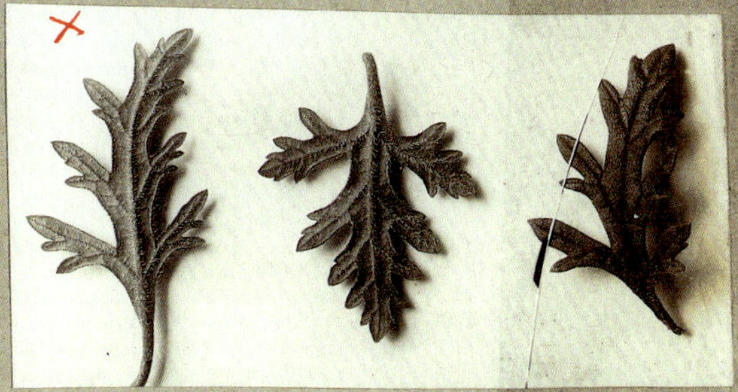

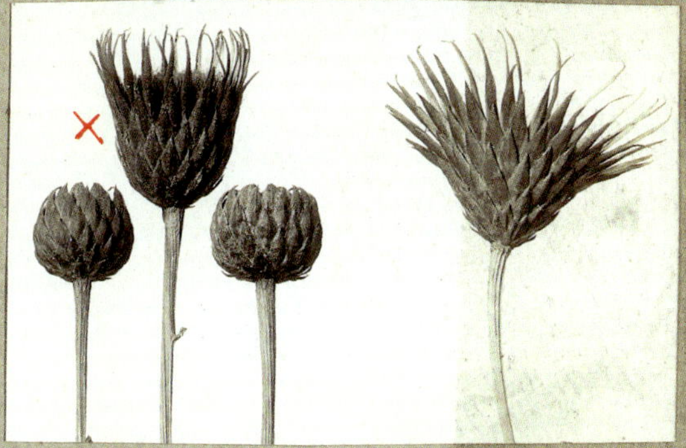

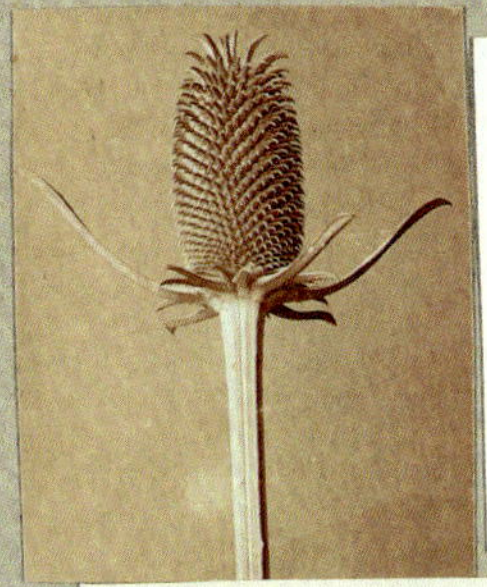

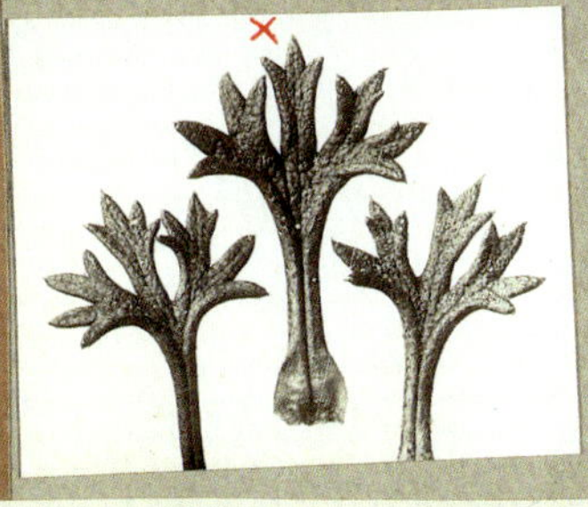

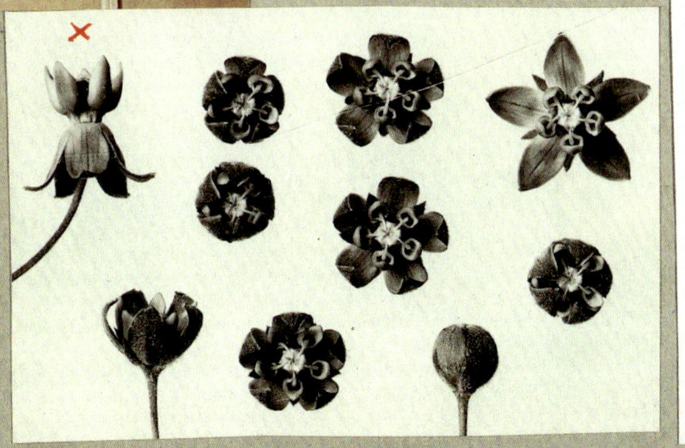

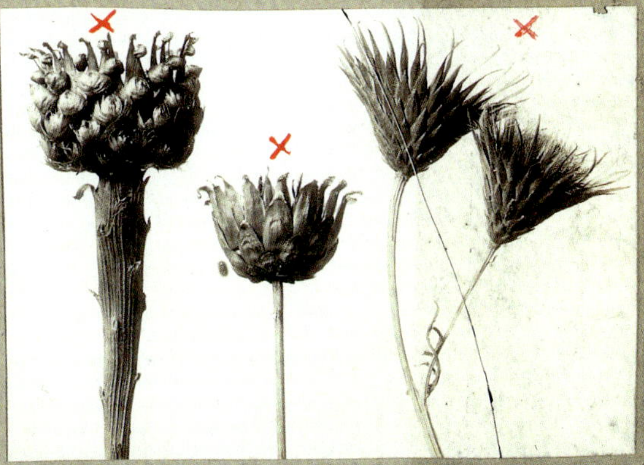

Anhang

Tabelle I zeigt, welche als Kontakte auf den einundsechzig Arbeitscollagen vereinten Motive in den beiden wichtigsten und zu Lebzeiten erschienenen Publikationen von Karl Blossfeldt, *Urformen der Kunst* (1928) und *Wundergarten der Natur* (1932), in unterschiedlich großen Ausschnitten als Bildtafeln abgebildet sind.
Die 120 Bildtafeln aus *Urformen der Kunst* finden sich vollständig auf den Arbeitscollagen wieder. Diese Motive sind mit ganz wenigen Ausnahmen durch ein Kreuz in roter Tusche gekennzeichnet.
Mehr als vierzig Pflanzenfotografien aus *Wundergarten der Natur* sind auf den einundsechzig Arbeitscollagen nicht nachzuweisen. Die Bildauswahl für diese Publikation Blossfeldts ist auf den Kontakten nicht markiert.

Tabelle II nennt die lateinischen Pflanzennamen aller in *Urformen der Kunst* und *Wundergarten der Natur* abgebildeten Pflanzenvergrößerungen in alphabetischer Reihenfolge und stellt gleichzeitig die Bezüge zu den beiden Publikationen und den einundsechzig Arbeitscollagen her.
Die jeweiligen Verweise beziehen sich auf die Tafelnummern in der Publikation *Karl Blossfeldt. Urformen der Kunst – Wundergarten der Natur. Das fotografische Werk in einem Band*, Schirmer/Mosel München, 1994.

Abkürzungen:
AC (Arbeitscollagen)
UK (Urformen der Kunst)
WN (Wundergarten der Natur)

Anne Ganteführer-Trier

TABELLE I

Arbeitscollagen	*Urformen der Kunst*	*Wundergarten der Natur*
1	1, 2a, 2c, 3, 4, 5, 6a, 7a, 7b, 7c, 8a, 8c	
2		
3		
4	2b, 6b	214, 239
5	40, 41, 42, 43, 44, 45	
6	34a, 88, 89, 93, 97, 98	
7	29, 67a, 67c, 70a, 70c, 78c	
8	28a, 28c	232b, 236
9	120	131, 135, 137, 142, 144, 148, 154, 158, 160, 167, 170, 172, 177, 179, 183, 190, 192, 125,
10		181
11	113, 114, 115, 116, 117, 118, 119	121, 168
12	31, 32, 37, 50	134
13		
14	33a, 33c, 36, 38, 46, 54, 55, 56, 90	
15		
16		
17	9b	
18		
19	13, 14, 15a, 15b, 15c	238b
20	14	220a
21		
22	22, 51	220b
23	8b, 9a, 9c, 10a, 10b, 20b, 57	
24	10c, 76	
25		
26	16a, 16b, 16c, 17a, 17b, 17c, 18	
27	19, 20a, 24	219
28	48b, 75	240
29		
30	77, 91, 92, 109c	141, 212, 237
31	28b, 83, 84, 100, 101a	209
32		215

Arbeitscollagen	*Urformen der Kunst*	*Wundergarten der Natur*
33	80, 104a, 104b	
34		138, 145, 171
35	101b	
36	68, 72	
37		124, 132, 143, 169, 176, 187
38	79	197a, 197b, 207
39		164, 189, 191, 200, 204, 210, 227, 229
40	11, 30, 47, 73, 74, 85	150, 163, 185, 196
41	66, 67b, 70b	157, 213a, 213b
42	92	193
43	69, 107a, 107c	203, 216
44	25, 96, 108, 109b	
45	107b, 111	
46	12	
47		
48	61, 62, 64, 65, 99, 101c	147, 155a, 230
49	60, 78b, 95, 105	206
50	34b, 106, 109a, 110	
51	34c, 58, 59a, 59c, 71a	233a
52	23	155b, 180a, 228a, 233b
53	21	231, 234a, 234b, 238a
54	26, 27, 49, 53	224
55	52	194
56	63, 103	126, 151, 235a, 235b
57	78a	182
58	48a, 87	
59	71b	
60		
61	33b, 35, 39, 59b, 81, 82, 83, 86, 102, 112	165

Folgende Abbildungen aus *Wundergarten der Natur* sind auf den 61 Arbeitscollagen nicht zu identifizieren: 122, 123, 127,128, 129, 130, 133, 136, 139, 140, 146, 149, 152, 153, 156, 159, 161, 162, 166, 173, 174, 175, 178, 180, 184, 188, 198, 199, 201, 202, 205, 208, 211, 217, 218, 221, 222, 223, 225, 226, 228b und 232a.

TABELLE II

Pflanze (lt.)	*Pflanze (dt.)*	*Urformen der Kunst / AC*	*Wundergarten der Natur / AC*
Abutilon	Lindenmalve	63 (AC 56), 103 (AC 56)	
Acanthus mollis	Akanthus, Bärenklau	92 (AC 30), 109c (AC 30)	
Acer	Zweige verschiedener Ahornarten	14 (AC 19, 20), 16c (AC 26)	
Acer pennsylvanicum	Ahorn	17c (AC 26)	220a (AC 20)
Acer rufinerve	Ahorn	22 (AC 22)	
Achillea clypeolata	Schafgarbe	119 (AC 11)	
Achillea fillipendulina	Schafgarbe	118 (AC 11)	
Achillea millefolium	Gemeine Schafgarbe	114 (AC 11)	
Achillea umbellata	Blatt einer Schafgarbe	37 (AC 12)	237 (AC 30)
Aconitum	Eisenhut	96 (AC 44)	
Aconitum anthora	Schmalblätteriger Eisenhut	31 (AC 12)	
Adiantum pedatum	Haarfarn	54 (AC 14), 55 (AC 14)	
Adonis vernalis	Adonis-Röschen, Frühlings-Adonis		200 (AC 39)
Aesculus hippocastanum	Roßkastanie		238b (AC 19)
Aesculus parviflora	Kleinblütige amerikanische Roßkastanie	13 (AC 19)	
Allium Ostrowskianum	Knoblauchpflanze	94 (AC 42)	
Allium victorialis	Lauch, Allermannsharnisch, Siegwurz, Bergalraun		183 (AC 9)
Alnus cordata	Erle		231 (AC 53)
Andromeda floribunda	Gränke, Heidekrautgewächs	109a (AC 50)	
Anemone blanda	Anemone, Windröschen, Windblume	105 (AC 49)	
Aquilegia chrysanta	Akelei	95 (AC 49)	
Araucaria	Andentanne		238a (AC 53)
Arenaria armerina	Sandkraut		232b (AC 8)
Arenaria tetraquetra	Sandkraut		125 (AC 10)
Aristolochia clematitis	Osterluzei	25 (AC 44), 58 (AC 51), 59a (AC 51), 59c (AC 51)	
Asclepias	Seidenpflanze		220b (AC 22)
Asclepias incarnata	Seidenpflanze	117 (AC 11)	
Asclepias speciosa	Seidenpflanze	69 (AC 43), 113 (AC 11), 116 (AC 11)	144 (AC 9)
Asclepias syriaca	Seidenpflanze	81 (AC 61), 82 (AC 61), 115 (AC 11)	
Astrantia major	Große Sterndolde		124 (AC 37)
Azorina vidalii	Glockenblume		210 (AC 39)

Pflanze (lt.)	*Pflanze (dt.)*	*Urformen der Kunst / AC*	*Wundergarten der Natur / AC*
Ballota rupestris	Gottvergeß		160 (AC 9)
Beckmannia eruciformis	(aus der Familie der Gräser)		218
	Blütenboden einer Distel		164 (AC 39)
Blumenbachia hieronymi (Loasaceae)	Kantenziegel		222, 223
Briza maxima	Großes Zittergras		215 (AC 32)
Bryonia alba	(Weiße) Zaunrübe	49 (AC 54)	224 (AC 54)
Cajophora lateritia, Loasaceae	Ziegelrote Brennwinde	27 (AC 54)	130, 143 (AC 37), 176 (AC 37)
Calendula officinalis	Ringelblume		204 (AC 39)
Callicarpa dichotoma	Perlenbeerstrauch, Schönbeere	9a (AC 23)	
Calystegia sepium	Weiße Zaun-Winde	107a (AC 43), 107c (AC 43)	
Campanula alliarifolia	Glockenblume	111 (AC 45)	
Campanula medium	Glockenblume	107b (AC 45)	202
Carex grayi	Riedgras, Segge		156
Cassiope tetragona	Heidekraut-Gewächs	28a, 28c (AC 8),	
Celosia argentea var cristata	Hahnenkamm		179 (AC 9)
Centaurea grecesina	Flockenblume		141 (AC 30)
Centaurea kotschyana	Flockenblume		166, 208
Centaurea macrocephala	Flockenblume	112 (AC 61)	
Centaurea odorata	Duft-Glockenblume		211
Centaurea ruthenica	Ruthenische Flockenblume	86 (AC 61)	
Cephalaria	Kopfskabiose, Schuppenkopf	77 (AC 30)	
Cephalaria alpina	Kopfskabiose, Schuppenkopf		191 (AC 39)
Cephalaria dipsacoides	Schuppenkopf, Kopfskabiose		228
Cirsium canum	Kratzdistel	84 (AC 31), 100 (AC 31), 101a (AC 31)	
Clématis heracleifolia	Waldrebe		197a (AC 38)
Clematis integrifolia	Waldrebe		187 (AC 37)
Clematis recta	Waldrebe		131 (AC 9)
Cnidium venosum	Brennsaat		168 (AC 11)

Pflanze (lt.)	*Pflanze (dt.)*	*Urformen der Kunst / AC*	*Wundergarten der Natur / AC*
Cobaea scandens	Rankende Cobaea	73 (AC 40), 74 (AC 40)	
	Columbiablatt		127
Cornus brachypoda	Kornelle, Hartriegel	10a (AC 23)	
Cornus circinnata	Kornelle, Hartriegel		170 (AC 9)
Cornus florida	Kleine Zweigteile von Kornelle, Hartriegel, Virginische Hundsbeere, Hornstrauch	15c (AC 19), 17b (AC 26), 18 (AC 26), 20a (AC 27)	196 (AC 40)
Cornus kousa	Kornelle, Hartriegel		216 (AC 43)
Cornus nuttallii	Kleine Zweigteile von Kornelle, Hartriegel	15a, 15b (AC 19), 16a, 16b (AC 26), 17a (AC 26)	
Cornus officinalis	Kornelle	20b (AC 23)	
Cornus pubescens	Kornelle, Hartriegel, Hornstrauch	9c (AC 23), 10b (AC 23),	
Coronilla coronata	Kronenwicke		178
Cosmos bipinnatus (Compositae)	Schmuckkörbchen, Mexiko-Aster		152
Cotoneaster integerrimus	Zwergmispel		233b (AC 52)
Cotula coronopifolia	Krähenfußblättrige Laugenblume		217
Cotula turbinata	Laugenblume		201
Cotyledon gibbiflora	Echeveria		198
Crassula lycopodioides	Dickblatt		236 (AC 8)
Cucubalus bacifer	Taubenkropf		197b (AC 38)
Cucurbita	Kürbisstengel	26 (AC 54), 53 (AC 54)	
Cynoglossum officinale	Hundszunge		132 (AC 37), 194 (AC 55)
Dahlia	Georgine		163 (AC 40)
Delphinium	Rittersporn	43 (AC 5), 45 (AC 5)	180b
Dianthus plumarius	Federnelke		122, 185 (AC 40)
Dipsacus laciniatus	Schlitzblätterige Karde, Weberkarde, Weberdistel	44 (AC 5)	
Dipsacus fullonum	Weberkarde		165 (AC 61)
Dryopteris filix mas	Wurmfarn	56 (AC 14)	
Echinops sphaerocephalus	Kugeldistel		135 (AC 9), 137 (AC 9)
Enkianthus japonicus	(Blüte)		199
Epimedium musschianum	Sockenblume	72 (AC 36)	
Equisetum arvense	Acker-Schachtelhalm (Zinnkraut)	6b (AC 4)	

Pflanze (lt.)	*Pflanze (dt.)*	*Urformen der Kunst / AC*	*Wundergarten der Natur / AC*
Equisetum hyemale	Winter-Schachtelhalm	1 (AC 1), 2a (AC 1), 2c (AC 1), 3 (AC 1), 4 (AC 1), 5 (AC 1), 6a (AC1), 7a (AC 1), 7c (AC 1), 8a (AC 1), 8c (AC 1),	
Equisetum telmateia	Schachtelhalm	2b (AC 4)	
Eranthis cilicius	Winterling	76 (AC 24)	
Eranthis hyemalis	Winterling		182 (AC 57), 206 (AC 49)
Erica herbacea	Erika, Heidekraut	110 (AC 50)	
Erica cinerea	Graue Heide		177 (AC 9)
Erodium chrysantum	Reiherschnabel, Hirtennadel		134 (AC 12)
Eryngium alpinum	Mannstreu, Männertreu		151 (AC 56), 162
Eryngium bourgatii	Mannstreu	32 (AC 12)	
Eryngium giganteum	Mannstreu, Männertreu	66 (AC 41)	
Eryngium maritimum	Meerstrands-Männertreu		157 (AC 41)
Euphorbia helioscopia	Sonnenwendige Wolfsmilch		147 (AC 48)
Euphorbia pithyusa	Wolfsmilch		172 (AC 9)
Forsythia suspensa	Zweigspitze mit Knospen der Forsythie	57 (AC 23)	
Fraxinus ornus	Manna-Esche, Blumen-Esche	9b (AC 17)	
Geum rivale	Bach-Nelkenwurz	12 (AC 46)	
Hamamelis japonica	Zaubernuß		139, 145 (AC 34), 171 (AC 34)
Helipterum eximium	Immortelle aus Kapland		232a
Hordeum distichon	Pfauen- oder Reisgerste		126 (AC 56), 175
Hordeum trifurcatum	Nackte Gerste		235b (AC 56)
Hosta subcordata	Trichterlilie	7b (AC 1)	
Hyoscyamus niger	Schwarzes Bilsenkraut	59b (AC 61)	
Impatiens glandulifera	Balsamine, Springkraut	19 (AC 27)	219 (AC 27)
Kalmia angustifolia (Ericaceae)	Schmalblättriger Löffelbaum, amerikanischer Lorbeer, Lorbeerrose		149
Koelpinia linearis (Compositae)	Korbblütler		154 (AC 9), 173
Larix decidua	Lärche		136, 214 (AC 4)
Laserpitum siler	Berg-Laserkraut, Roßkümmel-Laserkraut		129
Leucanthemum vulgare	Gemeine Wucherblume, große Maßliebe, Marienblume	28b (AC 31)	
Lonas annua (Compositae)	Korbblütler – Teil einer Köpfchendolde		158 (AC 9)

Pflanze (lt.)	*Pflanze (dt.)*	*Urformen der Kunst / AC*	*Wundergarten der Natur / AC*
Lyonia calyculata	Erikazee	106 (AC 50)	
Macleaya cordata	Celandinebaum. Aus der Familie der Papaveraceae (Mohngewächse)	51 (AC 22)	
Magnolia denudata precia	Magnolie		138 (AC 34)
Matteucia struthiopteris	Deutscher Straußfarn	46 (AC 14)	
Melandryum noctiflorum	Lichtnelke, Lichtröschen		203 (AC 43)
Mesembryanthemum linguiforme	(Eispflanze) Zaserblume, Mittagsblume		159
Mindium campanuloides	Knospe einer Glockenblume	64 (AC 48)	121 (AC 11)
Muscari neglectum	Trauben-Hyazinthe	78b (AC 49)	
Nicothiana rustica	Bauerntabak, türkischer Tabak	48b (AC 28)	
Nigella damascena	Jungfer im Grünen, Spinnenkopf, Schwarzkümmel		167 (AC 9)
Papaver	Mohnkapsel	104a (AC 33), 104b (AC 33)	
Papaver orientale	Orientalischer Mohn	80 (AC 33)	
Parmelia conspersa	Schildflechte		188
Parnassia palustris	Sumpf-Herzblatt	68 (AC 36)	
Passiflora	Passionsblume		128
Petasites hybridus	Pestwurz	60 (AC 49)	
Phacelia congesta	Büschelkraut, Bienenfutterpflanze		148 (AC 9), 161
Phacelia tanacetifolia	Büschelschön, Bienenfutterpflanze	90 (AC 14), 97 (AC 6), 98 (AC 6)	
Phlomis umbrosa	Flammenlippe, Filzkraut	101b (AC 35)	
Phyllitis scolopendrium	Hirschzunge	36 (AC 14)	
Physostegia virginiana	Stengel mit Blütenkelchen und Tragblättern	24 (AC 27)	
Phytolacca americana	Kermesbeere, Schminkbeere		184
Picea abies	Fichte, Rottanne	21 (AC 53)	234b (AC 53), 239 (AC 4)
Pinus sylvestris	Gemeine Kiefer, Föhre		234a (AC 53)
Polypodiaceae	Tüpfelfarn	33a (AC 14)	
Polypodium vulgare	Tüpfelfarn	34a (AC 6)	
Polystichum falcatum	Sichelförmiger Punktfarn	33c (AC 14)	
Polystichum munitum	Punktfarn	38 (AC 14)	
Primula japonica	Japanische Primel	23 (AC 52)	

Pflanze (lt.)	*Pflanze (dt.)*	*Urformen der Kunst / AC*	*Wundergarten der Natur / AC*
Prunella grandiflora	Großblumige Brunelle	87 (AC 58)	
Ptelea trifoliata	Kleestrauch, Hopfenbaum	52 (AC 55)	
Pterocarya fraxinifolia	Nußbaumgewächs		225, 226
Pteridium aquilinum	Adlerfarn	34c (AC 51)	
Pyrus alnifolia	Waldbirne		181 (AC 10)
Rhamnus purshiana	Kreuzdorngewächs	8b (AC 23)	
Ribes nigrum	Schwarze Johannisbeere	34b (AC 50)	
Ruta graveolens	Raute, Weinraute	67b (AC 41)	221
Salvia	Salbeiart	99 (AC 48), 101c (AC 48)	
Salvia aethiopis	Ungarische Salbei	65 (AC 48)	
Salvia argentea	Silber-Salbei	61 (AC 48), 62 (AC 48)	
Salvia pratensis	Wiesen-Salbei		155a (AC 48), 230 (AC 48)
Sanguisorba canadensis	Kanadischer Wiesenknopf, Blutkraut	71a (AC 51)	
Saxifraga paniculata	Traubenblütiger Steinbrech	30 (AC 40)	
Saxifraga willkommiana	Steinbrech	35 (AC 61), 47 (AC 40)	
Scabiosa columbaria	Taubenskabiose	91 (AC 30)	
Scabiosa prolifera	Skabiose		189 (AC 39)
Sempervivum tectorum	Dachlauch, Hauslauch		205, 228a (AC 52)
Senecio bicolor ssp. cineraria	Kreuzkraut		209 (AC 31)
Serratula nudicaulis	Nacktstengelige Scharte	83 (AC 31/61), 102 (AC 61)	
Seseli gummiferum	Sesel		133, 227 (AC 39), 229 (AC 39)
Silaum silaus	Wiesen-Silau		195
Silene conica	Kegelfrüchtiges Leimkraut		207 (AC 38)
Silene vallesia	Alpen-Leimkraut		169 (AC 37)
Silphium laciniatum	Kompaßpflanze	40 (AC 5), 41 (AC 5)	
Solanum tuberosum	Kartoffelblüte	70b (AC 41)	
Stachys menthifolia	Großblütiger Ziest	48a (AC 58)	
Symphytum officinale	Schwarzwurz oder Wellwurz, Beinwell, Beinwurz, Wallwurz	79 (AC 38), 88 (AC 6), 89 (AC 6), 93 (AC 6)	155b (AC 52)
Tanacetum macrophyllum	Großblätterige Wucherblume		192 (AC 9)
Tanacetum parthenium	Mutterkraut, Bertramwurz	50 (AC 12)	
Taraxacum officinale	Löwenzahn, Kuhblume, Butterblume	75 (AC 28)	123
Tellima grandiflora	Steinbrech-Gewächs	85 (AC 40), 120 (AC 9)	150 (AC 40)
Thalictrum	Wiesen-Raute		140

Thujopsis dolabrata	Lebensbaum	29 (AC 7), 67a (AC 7), 67c (AC 7), 70a (AC 7), 70c (AC 7), 78c (AC 7)	
Tilia americana	Schwarzlinde		213a (AC 41),
213b (AC 41)			
Tragopogon porrifolius	Lauchblätteriger Bocksbart, Bockshorn	78a (AC 57)	
Tremastelma palaestinum	Samen einer Skabiose	11 (AC 40)	
Trillium sessile	Dreiblatt		193 (AC 42)
Triticum aestivum	Weizen		235a (AC 56)
Tritonia crocosmiflora (Iridaceae)	Samenrispen der Fackellilie		174, 180a (AC 52)
Trollius europaeus	Europäische Trollblume, Dotterblume, Kugelranunkel, Goldknöpfchen	42 (AC 5)	
Trollius ledebourii	Trollblume, Dotterblume, Goldknöpfchen		212 (AC 30)
Turgenia latifolia	Haftdolde		190 (AC 9)
Uniola latifolia	Schwingelgras		153
Vaccinium corymbosum	Heidelbeer-Gewächs, Nordamerikanische Heidelbeere, Heidekrautgewächs	33b (AC 61), 108 (AC 44), 109b (AC 44)	
Valeriana alliarüfolia	Baldrian		186
Verbena canadensis	Eisenkraut, Eisenhart	39 (AC 61)	
Viburnum	Schlinge, Schneeball	10c (AC 24),	
Viburnum opulus	Schneeball, gemeine Schlinge		146
Vicia faba	Saubohne		240 (AC 28)
Vincetoxicum album	Schwalbenwurz		142 (AC 9)
Vincetoxicum fuscatum	Schwalbenwurz	71b (AC 59)	
Zygophyllum fabago	Doppelblattpflanze		233a (AC 51)